Jusnaturalismo
e juspositivismo

Antônio Ilário Felici

Jusnaturalismo e juspositivismo
Divergências e convergências
Um estudo a partir de Tomás de Aquino

Edições Loyola

Dados Internacionais de Catalogação na Publicação (CIP)
(Câmara Brasileira do Livro, SP, Brasil)

Felici, Antônio Ilário
  Jusnaturalismo e juspositivismo : divergências e convergências.
Um estudo a partir de Tomás de Aquino / Antônio Ilário Felici. -- São
Paulo : Edições Loyola, 2024. -- (Leituras Teológicas)

  ISBN 978-65-5504-333-4

  1. Cristianismo 2. Jusnaturalismo 3. Juspositivismo 4. Tomás de
Aquino, Santo, 1225?-1274 I. Título. II. Série.

24-188934 CDD-230.2

Índices para catálogo sistemático:
1. Tomás de Aquino : Suma de teologia   230.2
Eliane de Freitas Leite - Bibliotecária - CRB 8/8415

Preparação: Paulo Fonseca
Projeto gráfico: Viviane B. Jeronimo
Capa: Ronaldo Hideo Inoue
Diagramação: Telma Custódio

Edições Loyola Jesuítas
Rua 1822 n° 341 – Ipiranga
04216-000 São Paulo, SP
T 55 11 3385 8500/8501, 2063 4275
editorial@loyola.com.br
vendas@loyola.com.br
www.loyola.com.br

Todos os direitos reservados. Nenhuma parte desta obra pode ser reproduzida ou transmitida por qualquer forma e/ou quaisquer meios (eletrônico ou mecânico, incluindo fotocópia e gravação) ou arquivada em qualquer sistema ou banco de dados sem permissão escrita da Editora.

ISBN 978-65-5504-333-4

© EDIÇÕES LOYOLA, São Paulo, Brasil, 2024

102692

Sumário

7 .... Introdução

11 .... 1. O jusnaturalismo
História e conceito

12 .... 1.1. História

48 .... 1.2. Conceito

53 .... 2. O juspositivismo
História e conceito

54 .... 2.1. História

54 .... 2.2. Conceito

61 .... 3. Jusnaturalismo e juspositivismo
Divergências

62... 3.1. O jusnaturalismo e seus limites

84....................................... 3.2. O jusnaturalismo e sua exclusão

127........................4. Jusnaturalismo e juspositivismo
Convergências

139 .... Conclusão

143 ....Referências

Introdução

A justiça é uma realidade de suma importância no convívio humano. Ela marca profundamente o comportamento, sendo requisitada nos mais diversos setores da vida social. É aqui e ali exigida entre os indivíduos, grupos sociais e nações. Ocupa uma posição fundamental, funcionando como algodão entre os cristais. Sem ela, torna-se inviável o relacionamento entre os indivíduos. Sua importância é sentida principalmente quando está ausente, com descontentamentos, mal-estar, turbulências sociais, chegando-se até mesmo a revoluções e guerras. A cada dia aumenta a consciência de sua necessidade. Ela desempenha uma função reguladora do maior significado, corrigindo distorções e estabelecendo simetria, harmonia e equilíbrio no tecido social. Demonstra ser uma exigência básica, a ponto de merecer de Santo Agostinho as seguintes palavras: "Desterrada a justiça, que é todo reino, senão grande pirataria?"[1]. Santo Tomás, por seu turno, afirma "que não pode haver lei que não seja justa"[2]. Chega-se a considerar que a paz é o seu fruto, possibilitando assim uma vida tranquila entre os cidadãos e o exercício normal de seus papéis e de suas atividades.

Por causa de sua fundamental importância, o ser humano já em tempos remotos sentiu necessidade de normas para a garantia dessa justiça, de forma que ninguém fosse lesado em seus direitos, juntamente com o cumprimento de seus deveres. Nos dias de hoje, mesmo com tantos acontecimentos adversos, que tendem a solapar a credibilidade da justiça nos seus vários níveis, os apelos dos cidadãos com suas manifesta-

---

1   AGOSTINHO, Santo, *A cidade de Deus*, v. 1, Petrópolis, Vozes, 1990, IV, 4.
2   AQUINO, Santo Tomás de, *Suma teológica*, São Paulo, Loyola, 2010, I-II, q. 95, a. 2.

ções se orientam no sentido de recompor essa mesma credibilidade. Assim, em nossos tempos, essa virtude não é menos exigente, senão muito mais premente diante das circunstâncias e situações gritantes em que vivemos.

Diante disso, o tema é estudado em Tomás de Aquino, que oferece uma reflexão dessa virtude nos seus mais variados aspectos e com profundidade. O autor, mesmo privilegiando a lei natural, admite também a lei positiva em conexão com a primeira. Jusnaturalismo e juspositivismo são duas colunas que embasam as leis. Em um primeiro momento, há uma abordagem histórica da lei natural com seus conceitos até chegar em Tomás de Aquino, fazendo-se o mesmo em seguida com a lei positiva. Em um segundo momento, são apresentadas as posições dos que veem dificuldades na lei natural, embora a aceitem, bem como aquela que a exclui de um ordenamento jurídico. Em um esforço de síntese, será indicada a possibilidade da convergência da lei natural com a lei positiva, de acordo com a posição de Tomás de Aquino.

1

O jusnaturalismo
História e conceito

O jusnaturalismo pode ser entendido como um pensamento jurídico, como também o juspositivismo, cada um deles englobando tanto a lei quanto o direito. Embora em seus termos indiquem o Direito Natural e o Direito Positivo, como seus nomes respectivamente sugerem, ou que venham representados por Lei Natural ou Lei Positiva, o objetivo é tratar dos dois tipos de pensamento acima citados como um conjunto, uma doutrina, imbuída de uma filosofia, permitindo a partir daí falar tanto de lei quanto de direito.

1.1. História

Sempre que se fala em juspositivismo, que diz respeito às leis escritas e que são estabelecidas com sua promulgação, é possível datá-las, justamente pela promulgação, registrando-se assim a sua ocorrência histórica. Com relação às leis naturais, de que se ocupa o jusnaturalismo, estas não possuem o seu registro justamente por não serem escritas, embora ocorram evidentemente dentro da história. É o que se pode caracterizar de substancialmente histórico, sem que o seja em termos de cronologia.

As leis naturais surgem juntamente com a natureza, e a ela regulam. Sua constatação surge às vezes em alguns escritos. Nesse sentido, já na obra *Antígone*, de Sófocles, aparece uma menção a essas leis, quando a personagem, do mesmo nome da obra, reclama junto a Creonte o direito de seu irmão Polinices ser sepultado:

> Creonte – E apesar disso, tiveste a audácia de desobedecer a essa determinação? Antígone – Sim, porque não foi Júpiter que a promulgou; e a Justiça, a deusa que habita com as divindades subterrâneas, jamais estabeleceu tal decreto

entre os humanos; nem eu creio que teu edito tenha força bastante para conferir a um mortal o poder de infringir as leis divinas, que nunca foram escritas, mas são irrevogáveis; não existem a partir de ontem, ou de hoje; são eternas, sim! e ninguém sabe desde quando vigoram![1]

A teoria jusnaturalista propriamente dita tem início com a filosofia grega, sobressaindo-se em seu trato Aristóteles, considerado o "pai do direito natural". Aristóteles, bem como a jurisprudência romana, e Tomás de Aquino contribuíram decisivamente para o jusnaturalismo realista, definindo o direito como o justo ou coisa justa, objeto da justiça. Reconheceram também como elementos da ordem jurídica o justo natural, derivado da natureza das coisas e o justo positivo das determinações humanas[2]. Convém oportunamente lembrar que os estoicos tiveram uma grande participação na elaboração do conceito de lei natural, mesmo tomando por base a contribuição de outros pensadores. Assim são sempre lembrados, quando se fala das origens desse conceito. Segundo Chorão[3], o cristianismo contribuiu para o aperfeiçoamento do jusnaturalismo. Exemplo disso foi considerar a lei natural como participação da lei eterna na criatura racional através de Agostinho e Tomás de Aquino, além de São Paulo na *Epístola aos Romanos*. A crise da Escolástica com o nominalismo e o voluntarismo incidiu negativamente no jusnaturalismo. De outra parte, este mesmo jusnaturalismo teve um certo ressurgi-

---

1   SÓFOCLES, Antígone, in: SÓFOCLES; ÉSQUILO, *Rei Édipo, Antígone, Prometeu Acorrentado*, Rio de Janeiro, Ediouro, 1980, 227-228.
2   CHORÃO, M. B., Jusnaturalismo, in: *Logos. Enciclopédia Luso-Brasileira de Filosofia*, v. 3, Lisboa-São Paulo, Verbo, 1991, 91-92.
3   Ibid., 92.

mento com a Escolástica e a "Escola Espanhola do Direito Natural" com Vitória, Soto, Molina, Vázquez e Suárez. Já o jusnaturalismo da "Escola Moderna do Direito Natural", dos séculos XVII e XVIII, cujo iniciador é Hugo Grócio, tendo como representantes, Hobbes, Espinoza, Locke, Pufendorf, Thomasius, Wolf, Rousseau e outros, estabelece uma grande ruptura com o jusnaturalismo clássico e um distanciamento do direito natural. Mesmo Kant, considerando o direito natural como fundamento do direito positivo, entende tal direito natural distanciado do jusnaturalismo clássico, como um conjunto de princípios *a priori*.

1.1.1. Jusnaturalistas precursores de Tomás de Aquino

Não é o caso de desenvolver aqui o panorama histórico geral acima apresentado a respeito do jusnaturalismo e de seus diferentes matizes. O tratamento do mesmo se circunscreve a Tomás de Aquino, incluindo seus precursores, entre os quais figuram Platão, Aristóteles e os estoicos. Segundo Coan[4], Platão formulou uma teoria jurídica em *A república* e *As leis* pela "ideia pura de justiça e harmonia". Dessa ordem cósmica, elabora um programa de leis positivas para um Estado justo ou bem ordenado. A base de seu pensamento é o mundo das Ideias de todas as coisas, dos valores estéticos, morais, realidades corpóreas, entes matemáticos etc., o plano inteligível do ser, enfim, o mundo dos modelos, distinto, separado e transcendente. Associando a Ideia do Bem, fundamento das demais, com a de Justiça, afirma um "Direito

---

[4] COAN, E. I., Ainda e sempre o direito natural, *Revista Brasileira de Filosofia*, v. 42, n. 228 (2007) 421-454, aqui 423-424.

Natural" ideal, de rigorosa validade geral, enquadrando o conjunto da vida do indivíduo e a do Estado.

Aristóteles na *Ética a Nicômaco* estabelece uma distinção entre o justo por natureza (*physicon dikaion*) e o justo por lei (*nomikon dikaion*), uma vez que a justiça política é em parte natural e em parte legal. As realidades naturais têm a mesma força em todos os lugares, não dependendo de aceitá-las ou não. Já o que é legal é o que a princípio pode ser determinado, tanto de uma quanto de outra maneira, ou seja, indiferentemente. Porém, uma vez determinado, já não é indiferente[5]. Além do mais, no autor, o fundamento da lei natural se encontra na própria natureza e não em Deus[6]. A natureza tem o seu princípio em si mesma[7]. Para Aristóteles, a norma suprema da moralidade se encontra na realização da forma essencial da natureza, sendo moral o que é natural. O direito natural é imutável, enquanto que o positivo muda de acordo com os povos e as diferentes épocas. O direito natural se encarna no direito positivo, sendo a aplicação geral da ideia de justiça social dentro de sua variedade[8].

O estoicismo é um dos antigos defensores da lei natural, partindo de seus princípios filosóficos. Trata-se de uma corrente de pensamento da qual obviamente nem todos partilham. Nem todos que defendem a lei natural estão de acordo

---

5   Ibid., 424.
6   Numa explicação tomista, em Aristóteles a lei natural seria como que o universal *in re*, ou seja, inscrito na realidade, na natureza das coisas, enquanto que para Tomás de Aquino um universal *ante rem*, presente na mente divina e depois inscrito na natureza com a criação.
7   Armella, 2008, 58.
8   COMISSÃO TEOLÓGICA INTERNACIONAL, *Em busca de uma ética universal. Novo olhar sobre a lei natural*, São Paulo, Paulinas, 2009, 25.

com os pressupostos do estoicismo, mas é importante analisar essa corrente para uma distinção das demais doutrinas jusnaturalistas que, embora estejam de acordo em certos pontos comuns, divergem na sua fundamentação.

O fundador do estoicismo foi Zenão de Cítio (336-264), nascido em uma das ilhas de Chipre. Inicialmente comerciante, após um naufrágio que o arruinou, Zenão decidiu-se pela filosofia. Indo para Atenas, ouviu as lições de Crates, da escola cínica. Depois, ouvindo também vários outros mestres, fundou uma escola sob o pórtico de Pecilo. Daí vem o nome da filosofia do Pórtico (*stoá*) ou *estoicismo*, dado à sua doutrina. Chegando à idade avançada, suicidou-se, de acordo com os princípios de seu pensamento[9]. Manteve contato também com Estílpo Megárico, ouvindo ainda Xenócrates e Polênion e releu antigos físicos. Como Epicuro, não aceitava a metafísica e qualquer forma de transcendência. Entendia a filosofia como "arte de viver" e rejeitava fortemente também as duas ideias básicas do epicurismo: a redução do mundo a uma simples reunião de átomos e a identificação do bem com o prazer e suas consequências. Não sendo cidadão ateniense não tinha direito a um edifício e, assim, ensinava num pórtico (*stoá*). Admitia-se, em sua escola, a discussão crítica sobre os dogmas dos fundadores do estoicismo, possibilitando o aprofundamento do pensamento, revisões e reformulação e, com isso, uma evolução considerável, de tal maneira que os estudiosos de hoje distinguem três períodos na história do estoicismo[10].

---

[9] THONNARD, F. J., *Compêndio de história da filosofia*, v. 1, São Paulo, Herder, 1968, 134.

[10] REALE, G.; ANTISERI, D., *História da filosofia*, v. 1. *Antiguidade e Idade Média*, São Paulo, Paulus, 1990, 252.

Segundo Brugger[11], tal filosofia vai do ano 300 a.C. até o ano 200 d.C. Costuma-se distinguir o *estoicismo antigo* (*Zenão, Cleantes, Crisipo*), o *estoicismo médio* (*Panécio, Posidônio*) e o *estoicismo tardio* ou *posterior* (*Sêneca, Epicteto, Marco Aurélio*). Os autores Padovani e Castagnola[12], por sua vez, caracterizam da seguinte maneira esses três períodos: o período antigo como ético, o período médio como eclético e o último período como religioso. Também, segundo esses autores, nos escritos de Zenão de Cítio já está a tripartição clássica dessa filosofia em lógica, física e ética. Segundo Fraile[13], na lógica encontra-se a gnosiologia, a física equivale à metafísica e a ética é o fim último e único de toda a filosofia, incluindo a política e a religião. A lógica para os estoicos se subordina à física e ambas à ética.

O estoicismo, grande representante da ideia de lei natural, reúne a doutrina dos antigos filósofos com as ideias de *Platão* e de *Aristóteles*. Tal pensamento é portador de um novo *ethos* e de uma nova maneira de pensar, que incide de modo especial na ética, cabendo a esta o posto mais elevado entre a lógica e a física. Não se trata tanto de uma filosofia de grandes linhas sistemáticas, mas de uma corrente de caráter vital, visando, como sucedânea da religião, oferecer ao homem educação e amparo para a alma. Caracteriza-se também pela doutrina da igualdade entre os homens e por um certo cosmopolitismo[14].

---

11 BRUGGER, W., *Dicionário de Filosofia*, São Paulo, Herder, 1969, 168.
12 PADOVANI, U.; CASTAGNOLA, L., *História da filosofia*, São Paulo, Melhoramentos, 1972, 146.
13 FRAILE, G., *Historia de la filosofía*, v. 1. *Grecia y Roma*, Madrid, Biblioteca de Autores Cristianos, 1990, 601.
14 BRUGGER, W., *Dicionário de Filosofia*, 168.

O estoicismo é definido como a moral do esforço ou da tensão, o que é necessário para se atingir a felicidade suprema (*ataraxia*), de acordo com a natureza racional. Tal ponto de vista moral dá unidade à especulação dos estoicos, que esforçadamente procuram fundamentar as regras do procedimento sobre uma teoria geral da natureza humana e do mundo. A raiz de sua compreensão da felicidade está na maneira de compreender a vida segundo a razão em sentido panteísta, efeito de seu materialismo. O princípio estoico tem origem na física, aplicando-se depois à ordem intelectual e moral. O preceito essencial do estoicismo é "seguir a natureza", com o qual pretende conduzir à independência da felicidade. Para entender o sentido de tal princípio é preciso estudar a natureza universal de que o homem é apenas uma parte. Essa natureza é animada por um *Logos* divino, que unifica os diversos seres em uma harmoniosa hierarquia. Em sua física, retomaram bom número de teorias de seus antecessores, sobretudo, Platão e Aristóteles. Conservam, muitas vezes, o vocabulário, mas numa interpretação materialista[15].

O fundador do estoicismo condenava o matrimônio como contrário à natureza, considerava indiferente que os pais se casassem com os filhos e os irmãos entre si, não sendo também antinatural comer carne humana, seja dos pais ou irmãos, e, enfim, uma inutilidade enterrar os mortos[16]. Quais os motivos de tais posicionamentos? Talvez o autor considerasse o contrário de tudo isso meras convenções humanas, diferentemente do procedimento dos animais, que seguem o livre curso da natureza.

---

15   THONNARD, F. J., *Compêndio de história da filosofia*, v. 1, 135-136.
16   FRAILE, G., *Historia de la filosofia*, v. 1, 600.

Excetuando-se as suas diferenças, a escola epicurista e a estoica têm em comum algumas teses fundamentais, estando, por exemplo, de acordo em eliminar toda forma de dualismo metafísico ao negar uma realidade incorpórea e transcendente (monismo materialístico), negando também toda forma de inatismo, e ao pôr a origem do conhecimento nas sensações. Por fim, considera a investigação científico-filosófica subordinada ao fim prático para se obter a felicidade. No entanto, para a obtenção da felicidade e da virtude é necessária a ciência, pois a finalidade da filosofia é a sapiência ou "ciência das coisas humanas e divinas", mas isso somente com o exercício da virtude[17]. A ética estoica é uma teoria do uso prático da razão, uso este com a finalidade de estabelecer o acordo entre a natureza e o homem[18].

Se a concepção cósmica estoica foi base de sua doutrina, como era tal concepção? Os estoicos entendem que o universo é um *animal vivente*, perfeitamente racional, possuindo em si próprio o seu ser e devir, sendo composto de uma Alma (fogo e ar), elemento ativo, e de um Corpo (água e terra), elemento passivo. A alma do mundo é também corpórea, atravessando toda a matéria. Essa Alma ou *Logos* divino, chamada por Heráclito fogo (sopro quente ou *pneuma*) contém em si as *razões seminais* (*logoi spermatikoi*), formas de todas as coisas. Ela é o deus dos estoicos, imanente no mundo (panteísmo), dando-lhe uma ordem harmônica e providencial. A alma e o corpo do mundo são uma derivação da única substância originária, o fogo, e a ele retornam. Cumprido o ciclo do mundo

---

17   SCIACCA, M. F., *História da filosofia*, v. 1. *Antiguidade e Idade Média*, São Paulo, Mestre Jou, 1966, 120.
18   Abbagnano, 1984, 27.

(grande ano), ocorre uma conflagração universal que destrói todos os seres e tudo retorna à fonte divina. Tem início um novo ciclo da existência, repetindo em tudo os eventos do anterior (teoria do eterno retorno). Trata-se das duas vias de Heráclito (a via para cima e a para baixo). É o *Fatum*, a *Necessidade*, que governa cada coisa e o Universo, sendo a ordem do mundo uma concatenação causal, em que cada fato "necessariamente" decorre de um outro, sua causa, que o determina como seu efeito. O *Logos* produz a ordem racional, que absoluta. Tal necessidade se identifica com a Providência. Uma vez que o mundo é regido por uma ordem divina necessária, ele é perfeito[19].

A Providência estoica difere da Providência de um Deus pessoal. Trata-se de um finalismo universal, que faz cada coisa, mesmo a menor delas, ser feita da melhor forma. Desse modo, é uma Providência imanente e não transcendente, coincidindo com o Artífice imanente[20]. O Deus imanente ao mundo harmoniza todo o conjunto das coisas, sendo princípio de unidade, embora não seja o criador nem da matéria, que é eterna, nem dos incorpóreos, como o vazio, o tempo e o lugar. Assim, é somente organizador[21].

A existência do mal não é negada, mas é julgada até mesmo necessária à existência do bem (um contrário exige o outro). O mal, no entanto, diz respeito à parte e não ao todo, contribuindo para a harmonia do todo. Deus considera o conjunto e não a parte. O mal também é um instrumento em vista do bem como, por exemplo, pessoas importunas, o

---

19 Sciacca, M. F., *História da filosofia*, v. 1, 121-122.
20 Reale, G.; Antiseri, D., *História da filosofia*, v. 1, 259.
21 Fraile, G., *Historia de la filosofía*, v. 1, 613, 615.

que exige de nós a paciência, uma virtude[22]. Isso se explica porque um contrário não existe sem o outro. Não haveria justiça, se não houvesse injustiça, não haveria moderação, se não houvesse intemperança, nem a prudência, se não houvesse imprudência e assim por diante[23].

Como entender a liberdade humana na visão estoica? A liberdade humana fica comprometida, mas para o estoicismo ela é entendida como puramente negativa: não fazer diversamente do que necessariamente é, ou seja, a liberdade consiste em aceitar a necessidade, conformando a vontade ao imutável[24]. A ética estoica é uma ética do dever e esse dever é a conformidade ou conveniência da ação humana com a ordem racional. É a noção fundamental dessa ética[25]. Porém, mesmo que o homem não aceite tal necessidade, será obrigado a fazê-lo. Assim um cão amarrado a um carro terá que o seguir, querendo ou não. Da mesma forma, terá o homem que seguir o destino, o fato. Mesmo assim, ocupa uma posição predominante no mundo, pelo fato que participa do *Logos* divino, e se constitui de corpo e alma, sendo um fragmento da Alma Cósmica, logo, é um fragmento de Deus, sendo Deus a Alma Universal. Porém, é alma corpórea, fogo ou *pneuma*, permeando o organismo físico interno, vivificando-o e presidindo as suas funções especiais[26].

Na concepção cósmica, fundamento da doutrina estoica, como já se disse, existe Deus que em tudo influi e tudo

---

22 SCIACCA, M. F., *História da filosofia*, v. 1, 122.
23 Abbagnano, 1984, 25.
24 SCIACCA, M. F., *História da filosofia*, v. 1, 122.
25 Abbagnano, 1984, 28.
26 REALE, G.; ANTISERI, D., *História da filosofia*, v. 1, 260.

orienta, que é o *Logos*. Ele é assim entendido juntamente com o mundo. Como entendê-lo agora em sua natureza a partir daí? Os estoicos reconhecem, assim como Anaxágoras, que a ordem do universo exige a ação de uma *inteligência* e por aí provam a existência de Deus. Tal como Platão, entendem-no como alma universal, sendo único, inteligente e sábio, organizando o mundo, dando-lhe forma. Chamam-no, por isso, Razão geradora da ordem, da beleza e da bondade. Seu principal atributo é a *providência* por realizar continuamente a progressiva organização do universo, tendo o conhecimento perfeito de todos os acontecimentos que conduz, bem como a influência eficaz de sua ação em tudo, com o bem e a perfeição. Esta ação se dá por leis necessárias e imutáveis, tal como a ordem intelectual que vai de um princípio às conclusões. O *Logos*, no entanto, é livre porque tal necessidade decorre de sua própria natureza. No entanto, é necessário que tal Deus seja *corpóreo*, porque é inconcebível a ação de um puro espírito sobre a matéria. No entanto, embora seja corpo, Deus não se justapõe ao mundo, mas se une a ele por *compenetração*[27]. Nesse encadeamento, destino, providência e razão identificam-se entre si e com Deus, natureza intrínseca, que é presente e operante em tudo[28]. Deus, providência, espírito e ordem estão ao lado de princípios opostos de destino, necessidade, mecanicismo[29]. A atuação do *Logos* no mundo se entende também do seguinte modo: os estoicos substituem as quatro causas aristotélicas (matéria, forma, causa eficiente e final) por dois princípios, o passivo e o ativo, ambos materiais

---

27 THONNARD, F. J., *Compêndio de história da filosofia*, v. 1, 136-137.
28 Abbagnano, 1984, 24.
29 PADOVANI, U.; CASTAGNOLA, L., *História da filosofia*, 147.

e inseparáveis um do outro. O princípio passivo é a substância privada de qualidade, a matéria, e o princípio ativo é a razão, Deus, que, ao agir sobre a matéria, produz os seres singulares. A matéria é inerte, embora pronta para tudo. A razão divina, por sua vez, forma a matéria e a dirige para onde quer, produzindo também as suas determinações. A matéria é a substância, princípio passivo, de onde nasce tudo, e a força pela qual tudo é feito é a causa, Deus, princípio ativo[30].

Para se chegar à felicidade não basta conhecer a identidade com o *Logos*. É necessário querê-la, aceitá-la de modo voluntário e consciente. A virtude estoica, por sua vez, se entende do seguinte modo: trata-se de "seguir a natureza", vista no sentido panteísta. Vendo que o homem, ele próprio, com o universo é arrastado necessariamente na inexorável evolução do *Logos*, oferece sua livre e espontânea aceitação a todos os acontecimentos da sua vida como seu verdadeiro bem. Assim, ela se encontra diante de dois caracteres aparentemente contraditórios, de universalidade e de individualismo. Primeiramente ensina que o homem deve considerar-se cidadão do universo, sendo apenas um membro do vasto mundo. Faz dele um cosmopolita e o ensina a desempenhar o seu papel no mundo. No entanto, não se alça à moral social ou internacional, permanecendo teórico o seu universalismo, e a sua segunda característica, o individualismo, é mais profunda porque mais prática. Na visão de um estoico, todo esforço dedicado ao progresso do universo ou da sociedade é duplamente inútil: por um lado porque o determinismo universal o torna sem efeito, mas também porque o melhor que pode haver acontece no imenso corpo ordenado pelo *Logos* com sua

---

30 Abbagnano, 1984, 22.

sabedoria. O mal se encontra nos negligentes em subordinar o pormenor ao conjunto. O sábio não deve trabalhar na natureza exterior, mas na sua vida pessoal, para conformá-la à vida universal. O domínio da virtude se restringe à *vida interior* do sábio. Externamente é inútil qualquer mudança. O valor das coisas depende também da consideração que fazemos delas, nisso consistindo a virtude, enquanto que o vício é a revolta contra os decretos do *Logos*-Providência[31]. Desse universalismo em que tudo segue a mesma lei da ordem do universo tem-se o cosmopolitismo. Explica Abbagnano[32] que no estoicismo o sábio não pertence a uma determinada nação, mas à cidade universal em que os homens são concidadãos.

Pelo que se pode verificar na posição estoica, trata-se de uma total passividade do indivíduo diante da realidade externa, considerada boa. É necessário aceitá-la simplesmente adaptando-se a ela. Não há sentido em o homem tentar influir na natureza para sua transformação, sua melhora, nem mesmo motivo para resistência. Impera a submissão. Também o adágio: "Não sou conduzido, conduzo", passa ao inverso: "Não conduzo, sou conduzido".

O sábio tem em mente que tudo o que acontece deve mesmo acontecer e é um bem que aconteça, confiando na Providência divina. Ele deseja o que acontece e não, ao contrário, que aconteça o que ele quer. Quem age de outro modo é louco. O sábio estoico olha com desprezo os que são escravos das paixões, afobando-se em conseguir bens aparentes e fugindo das dores ilusórias. Apesar dessa postura, os estoicos consideram injusta a escravidão, dada a igualdade entre os

---

31 THONNARD, F. J., *Compêndio de história da filosofia*, v. 1, 140-141.
32 Abbagnano, 1984, 31.

homens governados pelo mesmo *Logos*[33]. As paixões, das quais provém a infelicidade do homem, são erros da razão. Cuidando de seu *Logos* e tornando-o o mais possível reto, o sábio não deverá nem mesmo permitir o nascimento das paixões em seu coração, aniquilando-as se nascerem. Trata-se da célebre "apatia" estoica, a exclusão ou a ausência de qualquer paixão, perturbação do espírito. A felicidade consiste na apatia e impassibilidade. Essa atitude chega ao extremo, sendo gélida e até desumana, ao considerar que piedade, compaixão e misericórdia são paixões a extirpar, a ponto de se afirmar que "misericordioso é o homem estulto e leviano". A atitude do sábio perante os outros deve ser asséptica, distante de qualquer simpatia humana. Assim, o estoico não é um entusiasta da vida, nem amante dela[34].

Ao se afirmar que as paixões são erros da razão, pode-se afirmar com Thonnard[35] que é possível aproximar essa teoria daquela socrática e platônica em que virtude e sabedoria se identificam, e a reforma moral resulta fundamentalmente em reforma intelectual. A finalidade do ascetismo estoico é preparar a inteligência do discípulo para o discernimento dos bens falsos dos verdadeiros. Mas existe também a insistência no aspecto de "tensão", no esforço para essa justa apreciação, de forma a aceitá-la inteiramente.

Dessa concepção derivam três consequências:

1) a condenação das paixões. Os estoicos dividem em dois grupos os movimentos da sensibilidade: a) a vida da razão, de tendências sensíveis de acordo com o *Lo-*

33　Sciacca, M. F., *História da filosofia*, v. 1, 123.
34　Reale, G.; Antiseri, D., *História da filosofia*, v. 1, 265.
35　Thonnard, F. J., *Compêndio de história da filosofia*, v. 1, 141.

gos e a ordem universal; b) as paixões, que envolvem os movimentos contrários ao *Logos*. Dessa forma, toda paixão é essencialmente má, sendo sempre um pecado ou vício, desordem efêmera ou doença duradoura da alma. Ao sábio com seu juízo virtuoso cabe, como dever principal, extirpá-las. Mesmo admitindo-se que a paixão dessa forma é condenável, na prática os estoicos exageraram. Atraídos por um falso ideal de paz, consideraram má em princípio toda manifestação sensível, de modo especial a de temor e dor. Assim, o verdadeiro sábio em identificação com o *Logos* deve gozar de *impassibilidade absoluta*, tanto que se o universo desmorona, ele continua calmo sob as ruínas;

2) a unidade da virtude. A virtude estoica é a atitude geral da vontade deliberada com respeito aos bens da vida, na atitude tomada, de uma vez por todas, de nunca sacrificar a soberania da razão à paixão, onde não há graus nessa atitude, de maneira que há rigorosamente entre os homens duas categorias: os sábios e os insensatos; e, por fim,

3) a possibilidade da felicidade. Essa virtude, que se dá na identificação consciente com o *Logos*, leva à plenitude de todos os bens e, assim, à felicidade perfeita com a paz, e a independência na total indiferença ao restante, prazeres ou dores. No entanto, na prática moderaram o rigor de tais princípios. Junto ao bem absoluto da virtude, admitiram bens convenientes que o homem honesto pode procurar, mas não se deixando arrastar pelo prazer[36].

---

36   Ibid., 141-142.

No entanto, o princípio básico do estoicismo permanece, ou seja, que entre a virtude e o vício não há meio termo. A virtude é o único bem, de maneira absoluta, porque realiza o homem de acordo com a ordem racional do mundo. Isso levou os estoicos a formular uma outra doutrina, a das coisas indiferentes. Já que a virtude é o único bem, são propriamente bens a sabedoria e a justiça e os males, os seus contrários, não sendo bens nem males as coisas que não constituem virtudes, como a vida, a saúde, o prazer, a beleza, a riqueza, a glória, bem como seus contrários. São simplesmente indiferentes[37].

Com relação à virtude, esta não era condição para a felicidade, mas ela mesma um bem imediato. Com o desenvolvimento do estoicismo, a virtude é meio para a felicidade, tranquilidade, e serenidade, surgida da apatia e indiferença universal. A felicidade do homem é sinônimo de libertação de toda perturbação, de tranquilidade da alma, de independência interior, a autarquia. O vício, contrário da virtude, não é visto tanto pelo dano que pode causar ao vicioso, mas pela sua irracionalidade ou desordem intrínseca, ainda que seja repudiado por perturbar a indiferença, a serenidade e a autarquia do sábio[38].

Considerando que o estoicismo passou por três períodos e, admitida a autocrítica nas discussões, no período médio, esse rigorismo com relação às paixões passou por modificações, além de outras em outros aspectos. Assim, é oportuno notar essas mudanças, no tocante à moral na questão da virtude. Conforme os autores Reale e Antiseri[39], Panécio, natu-

---

37 Abbagnano, 1984, 29-30.
38 PADOVANI, U.; CASTAGNOLA, L., *História da filosofia*, 148.
39 REALE, G.; ANTISERI, D., *História da filosofia*, v. 1, 266.

ral de Rodes, nascido por volta de 185 a.C. e morto no início do século I a.C., além das modificações em psicologia e física, mitigou a aspereza da ética, afirmando que somente a virtude não é suficiente para a felicidade, mas também é necessária a saúde, os meios econômicos e a força. Valorizou os deveres e, por fim, rejeitou a apatia. Posidônio, por sua, vez procurou atualizar a doutrina estoica em relação aos posteriores progressos da ciência em relação à fundação do Pórtico, considerando, de acordo com o mestre, que a verdade não se restringe aos dogmas iniciais da escola, valendo-se, portanto, da contribuição de outros ensinamentos. Assim, recebeu influências platônicas e aristotélicas, corrigindo, por exemplo, Crisipo com Platão, embora mantendo firme a visão estoica.

A cosmovisão filosófica do estoicismo, que embasa a sua concepção de lei natural, repercute agora no universo das leis, tal como o explica Coan[40], que da ideia do cosmos se chegou à noção de ordenamento social adequado à natureza com ressonância na origem da legislação da "Polis". Assim, considerou-se a natureza das leis do Estado idêntica à das restantes leis do Cosmos, chegando-se à conclusão que todo direito do Estado era natural e, desse modo, o homem não tinha autonomia. É na sofística que surge a distinção entre *physis* e *nomos*, entre natureza e convenção, deslocando-se o problema do cosmos para o homem ("o homem é a medida de todas as coisas", como ensinava Protágoras)[41].

---

[40] Coan, E. I., Ainda e sempre o direito natural, 421-422.
[41] Os estoicos, em parte, têm razão, uma vez que não se pode agir contra a natureza, já que o ser humano dela faz parte e a tem como sua estrutura. No entanto, no ser humano existe uma racionalidade que suplanta as leis do determinismo presente nos animais, assim como nos elementos puramente materiais. Se nas questões físicas, biológicas, não é possível fugir desse determi-

No entanto, para os estoicos a lei da natureza é a lei da razão e o homem, como ser racional, deve conduzir a sua vida em conformidade com as leis da própria natureza, sem restrição à "Polis", porém, se expandindo ao universo todo. Com isso, descobriu-se a ideia de um "direito mundial universal" e válido para todos os homens frente ao *nomos*. A única lei (*Logos*) tem para os estoicos duas faces: lei (lei natural do mundo físico) e norma (lei natural das ações humanas), o que é considerado a "concepção mais original dos filósofos estoicos". O direito positivo é agora contraposto como nunca a um outro direito radicado essencialmente na ordem do universo. Exemplo disso é que enquanto Aristóteles admitia a escravidão[42], pela teoria da desigualdade social baseada na própria natureza humana, necessária, segundo ele, para a subsistência do corpo social, para o estoicismo ela é contra o "Direito Natural" com base no princípio da igualdade natural entre os homens[43].

---

nismo, pode-se no entanto administrá-lo, o que se dá principalmente nas suas ações morais. Assim, um cão não faz jejum, o que é possível ao homem.

42 Embora a escravidão fosse rejeitada pelos estoicos, o seu edifício não sofreu abalo, ao menos para Aristóteles, que a considerou natural, não a questionando. O mundo também era mais estático, favorecendo sua posição. A escravidão existia em várias nações, o que também poderia corroborar essa concepção de naturalidade. Se a mesma existiu até os períodos mais recentes, não é estranha a sua aceitação no passado. Além do mais, essa escravidão pode se revestir hoje de formas mais sutis. Trata-se de considerar normal aquilo que não é, dificultando mudanças. Há também a questão dos estereótipos que ocorrem ainda hoje, principalmente com relação aos papeis exercidos pelas mulheres. No entanto, os constantes questionamentos enfraquecem paulatinamente tal posição. Na prática verifica-se também esse equívoco com as mulheres desempenhando atividades antes restritas aos homens. Em contrapartida, os homens também vêm atuando em campos antes reservados às mulheres. Se isso não ocorre em tudo, em grande parte tal se verifica.

43 COAN, E. I., Ainda e sempre o direito natural, 425-426.

Sobre a lei, os estoicos tratam da lei eterna, natural e positiva. A lei eterna se encontra na Razão eterna, que rege a natureza e a ordem cósmica universal. Nela se baseia a lei natural, que é comum a todos os homens, sendo anterior e superior a todas as positivas, civis e escritas dos Estados. Isso porque procede da Razão ou da Lei divina[44].

1.1.2. O jusnaturalismo em Tomás de Aquino

Tomás de Aquino terá algumas influências dessas posições até aqui citadas no seu pensamento jusnaturalista. Segundo Armella[45], o autor desenvolve o tema da lei natural segundo o ponto de vista cristão medieval, com algumas teses jusnaturalistas do estoicismo e alguns princípios chaves da jurisprudência aristotélica, sendo o mais importante deste último o da teleologia. Quanto aos estoicos, Tomás recebe alguns de seus princípios, filtrados desde Cícero e Agostinho a Boécio e Isidoro, que os transmitiram à tradição medieval.

Enquanto Aristóteles afirma uma lei natural presente na natureza sem se reportar a Deus, Tomás a entende com sua fonte em Deus, que a inscreve na natureza. Vale aqui uma explanação sistemática e mais detalhada dessa posição tomasiana. Para o autor, existe a lei eterna, a lei natural e a lei positiva. Tendo como enfoque a lei natural, o tratamento aqui se ocupa dela em primeiro lugar, e do seu fundamento, a lei eterna, passando depois à lei positiva. Com relação às fontes usadas por Tomás, afirma Pêcego:

---

44   FRAILE, G., *Historia de la filosofia*, v. 1, 621.
45   Armella, 2008, 58.

Aristóteles, os estoicos, o Direito Romano e sobretudo os Padres da Igreja, as Sagradas Escrituras e a Tradição, todos esses elementos são fontes idôneas para o esclarecimento das verdades que se pretende buscar e sintetizar. Para o aquinate não importa tanto quem disse, mas o que disse e, nesse sentido, pôde superar toda a controvérsia que lhe antecedeu entre dialéticos e antidialéticos e que, de certo modo, ainda perdurará depois da sua morte, considerando-se a condenação de várias de suas teses pelo arcebispo de Paris em 1277[46].

Antes de tratar dos tipos de lei, convém apresentar o que Tomás entende e define por lei no seu sentido geral. Ele assim a define: "A lei não é mais que uma prescrição da razão em ordem ao bem comum, promulgada por aquele que tem o cuidado da comunidade"[47]. Os primeiros termos da definição "uma prescrição da razão" estabelecem o fundamento da lei. Trata-se do artigo 1 onde se discute "se a lei pertence à razão". A dificuldade principal está em saber se o ato do legislador obedece a um ato da vontade ou da razão. De acordo com Aristóteles, é a razão a regra e a medida dos atos humanos. Para Tomás, mesmo entendendo que a vontade exerce o seu papel no ato de legislar na pessoa da autoridade, no caso, o príncipe, a razão deve intervir. Dessa maneira, razão e vontade são elementos inseparáveis de toda lei, devendo intervir em sua elaboração. Segue depois que a lei é ordenada "ao bem comum". Seguindo Santo Isidoro, entende também Tomás que a lei não se ordena em proveito particular, mas à utilidade co-

---

[46] PÊCEGO, D. N., A lei e a justiça na Suma Teológica, *Aquinate*, n. 6 (2008) 160-178, aqui 163.

[47] AQUINO, Santo Tomás de, *Suma teológica*, I-II, q. 90, a. 4 c.

mum dos cidadãos[48], recordando que "o fim da lei humana é a utilidade dos homens, assim como nos diz o jurisconsulto"[49]. Também não se deve a qualquer cidadão a promulgação da lei, mas àquele que tem responsabilidade governamental, uma vez que um país necessita de leis para se conduzir. Daí deve ser "promulgada por aquele que tem o cuidado da comunidade". Em seguida, trata Tomás dos diversos tipos de lei, que são: a lei eterna, a lei natural e a lei positiva, humana e divina.

Com relação à lei eterna, Tomás assim a explica:

> Como em todo artífice preexiste a razão daquelas coisas que são constituídas pela arte, assim também em qualquer governante é necessário que preexista a razão da ordem daquelas coisas que se devem fazer por aqueles que estão submetidos ao governo. E como a razão das coisas a serem feitas pela arte se chama arte ou exemplar dos artefatos, assim também a razão do que governa os atos dos súditos obtém a razão de lei, mantidas todas aquelas coisas que acima dissemos sob a razão de lei. Deus por sua sabedoria é criador de todas as coisas, às quais se compara como o artista aos artefatos [...] É também o governador de todos os atos e movimentos que se acham nas criaturas singulares [...] Portanto, assim como a razão da divina sabedoria, enquanto por ela foram todas as coisas criadas, tem razão de arte ou exemplar ou ideia, assim também a razão da divina sabedoria ao mover todas as coisas para o devido fim, obtém a razão de lei. E segundo isso, a lei eterna nada é senão a razão da divina sabedoria, segundo é diretiva de todos os atos e movimentos[50].

---

48 PIETRO, A. G. D., Las fuentes jurídicas romanas en Santo Tomás de Aquino, *Sapientia*, v. 54, n. 205 (1999) 93-116, aqui 98-99.
49 AQUINO, Santo Tomás de, *Suma teológica*, I-II, q. 15, a. 3 resp.
50 Id., I-II, q. 93, a. 1.

Tomás parte da realidade do mundo para estabelecer uma analogia com a realidade divina. Parte aqui do exemplo do artista humano tanto daquele que produz arte como daquele que governa. Isso se dá segundo uma razão, um critério, que se exprime por lei, mesmo que o ser humano não parta do nada. De modo análogo, o Deus que cria a partir do nada e governa as coisas criadas, o faz por meio de uma razão fundamental, uma lei que existiu desde sempre. Essa lei se chama lei eterna.

É o plano de Deus para o governo das criaturas. Ela é o arquétipo de todas as coisas, a causa das demais leis. Todas as coisas estão debaixo dela. Trata-se da universalidade do governo divino. Os fins especificados pelas leis se ordenam ao bem comum por essência, que é objeto próprio da lei eterna. Deus, que é causa primeira universal de tudo, conserva e leva a sua obra ao fim último, o Bem Comum, que é o próprio Deus. Todos os seres racionais e irracionais estão submetidos à Lei eterna. Enquanto os seres irracionais a recebem sem que a percebam, as criaturas racionais dela participam pelo intelecto[51]. Tomás apresenta a doutrina do governo divino. No caso da lei natural, trata-se de um plano superior ao da sociedade humana positiva. O ser humano está submetido à lei eterna, mas também submete e participa de uma maneira toda especial. Tal submissão é conforme a natureza humana, sendo ela intelectual e racional[52]. Tudo o que é necessário e contingente do universo está submetido à lei eterna, com exceção de

---

51 GAUTÉRIO, M. F. P., *O conceito de lei segundo Santo Tomás de Aquino,* disponível em: <http://www.ambitojuridico.com.br/site/index.php?n_link=revista_artigos_leitura&artigo_id=6279>. Acesso em: 03 set. 2018.

52 OVERBEKE, P. M., La loi naturelle et le droit naturelle selon Saint Thomas, *Revue Thomiste*, v. 57, n. 1 (1957) 53-78, aqui 60.

Deus, que não está subordinado a ela, mas com ela coincide. Tal lei é apenas acessível aos bem-aventurados que veem Deus na sua essência. As criaturas racionais, por seu turno, podem conhecê-la de modo indireto, uma vez que o conhecimento da verdade é alguma participação na lei eterna[53].

Com relação à lei natural, esta é uma participação da lei eterna na criatura racional. Sobre ela diz Tomás:

> [...] a lei, dado que é regra e medida, pode estar duplamente em algo: de um modo, como no que regula e mede, de outro, como no regulado e medido, porque enquanto participa algo da regra ou medida, assim é regulado e medido. Por isso, como todas as coisas que estão sujeitas à providência divina, são reguladas e medidas pela lei eterna, como se evidencia no que foi dito, é manifesto que todas participam, de algum modo, da lei eterna, enquanto por impressão dessa têm inclinações para atos e fins próprios. Entre as demais, a criatura racional está sujeita à providência divina de um modo mais excelente, enquanto a mesma se torna participante da providência, provendo a si mesma e aos outros. Portanto, nela mesma é participada a razão eterna, por meio da qual tem a inclinação natural ao devido ato e fim. E tal participação da lei eterna na criatura racional se chama lei natural [...][54].

Se essa lei eterna é a razão, a medida pela qual Deus cria e governa todas as coisas, essa mesma lei está inserida nas coisas. Seria como a planta, a maquete de uma construção. A medida se encontra naquilo que é medido, de acordo com

---

53 PORRO, P., *Tomás de Aquino. Um perfil histórico-filosófico*, São Paulo, Loyola, 2014, 255.
54 AQUINO, Santo Tomás de, *Suma teológica,* I-II, q. 91, a. 2.

o que diz o autor, logo, é notada nas coisas pela inteligência das criaturas racionais, e não notada pelas irracionais, porém sempre presente em todo tipo de criatura.

A lei natural coincide com a lei eterna, no sentido de que esta última é participada pela criatura racional. Tudo está sob o signo da lei eterna, uma vez que nada foge ao ordenamento divino. No entanto, a criatura racional faz parte desse ornamento de modo consciente, podendo apreender e assimilar a lei. Ele está submetido à lei eterna sob dois pontos de vista: como ser natural participa dela como todos os entes irracionais, mas tendo conhecimento, a está sujeito de modo diferente e especial. Em sentido estrito, somente seria possível falar de lei em se tratando de criaturas racionais[55]. Explica Malacarne:

> A lei eterna, por sua vez, é apresentada através de uma analogia com a lei humana: dado que o mundo é regido pela divina providência, toda comunidade do universo é governada pela razão divina e, como esta nada concebe a partir do tempo, sua lei é denominada eterna. A lei eterna é o plano divino que conduz todas as coisas para a busca de seus fins; é a ordem ideal do universo que preexiste em Deus. Enquanto as outras coisas e animais não podem se separar da lei eterna, na medida que a seguem de modo inconsciente ou por instinto, o homem, como ser racional, pode fazer isso e, por conseguinte, deve conhecer a lei eterna para adaptar-se a ela. Mas não pode conhecê-la de modo direto, visto que não pode ter acesso ao plano divino do universo. No entanto, não é necessário que Deus a revele ao homem, pois este, por meio da razão, pode identi-

---

55 PORRO, P., *Tomás de Aquino*, 257.

ficar parte dessa lei eterna em suas próprias tendências e necessidades. Assim, a parte da lei eterna que é cognoscível pelos seres racionais é denominada *lei natural*[56].

A lei natural é conhecida pelo ser humano de modo progressivo. Como participação na lei eterna, ela é finita e temporal. Essa participação da lei eterna na criatura racional, que é a lei natural, é manifestada no ser humano na sua inteligência e vontade. Na sua inteligência, ela leva a distinguir o bem e o mal, e na sua vontade faz com que haja uma inclinação ao bem e à escolha dos meios necessários para se chegar ao fim. Com relação aos primeiros princípios, ela é igual para todos em sua retidão e conhecimento. No entanto, com relação às particularidades deduzidas dos princípios, pode haver alteração por causa da razão distorcida, da ignorância, das paixões, dos maus hábitos ou ainda dos fatores externos. A lei natural pode mudar quanto aos seus princípios secundários e terciários. Os princípios secundários se apresentam como conclusões próximas dos princípios primários, podendo mudar em casos particulares. Com relação aos princípios terciários, são conclusões remotas dos princípios primários, onde facilmente ocorre a mutabilidade. Tais princípios caracterizam a lei humana. A lei natural possui quatro propriedades que são: a unidade, a universalidade, a imutabilidade e a indelebilidade. Nos primeiros princípios da sindérese, essas propriedades estão de forma absoluta, sendo inerentes à natureza humana, não podendo ser destruídos ou arrancados do coração humano. No entanto, em algumas

---

56 MALACARNE, L., *O primeiro preceito da lei natural de Tomás de Aquino. Uma inferência de "é" para "deve"*, Monografia de Bacharelado em Filosofia, Porto Alegre, UFRGS, 2012, 7.

situações podem ser relativizados nos secundários. Quanto aos terciários, devido ao dinamismo da vida humana, podem modificar-se. De outra parte, todos esses princípios não alteram a unidade da lei natural[57].

Convém aqui uma análise dessa postura. Na relação entre lei humana e a lei divina há um conhecimento racional da realidade divina em acordo com a condição natural do homem. A lei da razão e a lei divina não podem contrariar-se porque possuem a mesma fonte divina. A teologia pode entrever a lei divina na lei da razão natural. A razão humana auxilia o progresso do conhecimento das realidades divinas. A lei moral se beneficia da luz da razão e da revelação. Ambas se unem para iluminar a fé e desenvolver suas exigências. A lei humana, por seu turno, se integra na lei divina e não o contrário[58].

Há que considerar também que as diversas formas de leis, como lei eterna, lei natural, lei divina positiva se unificam por analogia. A lei divina, por exemplo, diverge essencialmente do conceito comum de lei jurídica. Há também uma grande distância entre a lei política e aquela pela qual Deus governa o mundo. Assim, a inclusão destas no mesmo tratado somente é possível por analogia. Se em Tomás, o estudo teológico parte da lei política, não é porque seja a suprema e a origem das demais, mas porque é mais próxima e homogênea com a constituição da pessoa humana[59]. A lei natural, por sua vez, tem prioridade com relação à lei externa do legislador. Não se

---

57 GAUTÉRIO, M. F. P., *O conceito de lei segundo Santo Tomás de Aquino*.
58 FERNÁNDEZ-LARGO, A. O., Asimetrías entre la ley y el derecho en la doctrina de Santo Tomás, *Estúdios Filosóficos*, n. 53 (2004) 285-312, aqui 288-289.
59 É compreensível esse posicionamento de Tomás, porque a lei divina é fundamento último da lei natural e, portanto, é mencionada depois, assim como na ordem de nosso conhecimento a causa é buscada a partir do efeito.

trata, portanto, de uma univocidade. Isso somente se atribui à lei divina[60].

Deve-se também levar em conta que essa explicação da lei pretende dizer que esta tem como fim encaminhar o homem ao bem, ao qual se inclina qualquer virtude. Ela é também mediação para o exercício da virtude. As motivações da lei podem ser o "temor da pena" ou "a bondade perfeita da virtude". No entanto, a lei requer somente seu cumprimento, mas não a motivação virtuosa. Isso porque o bem moral não pode ser definido adequada e integralmente por leis jurídicas, mas sim pela ciência moral[61]. Tal posicionamento é compreensível uma vez que a lei jurídica exige o mínimo do cidadão para que a sociedade funcione, independentemente se este age por convicção do valor da lei ou por medo da justiça. Importa que externamente ele cumpra a lei, mesmo que não seja virtuoso. Já o aspecto moral é melhor, levando o cidadão a agir não pelo "temor da pena", mas pela "bondade perfeita da virtude". À moral importa que o homem seja virtuoso, o que é ainda melhor para a sociedade. Entretanto, não se pode esperar de todos tal comportamento, que é o ideal desejado. A lei natural existe nas coisas em um caráter de determinismo, o que o ser humano capta em suas observações. Nele, no entanto, essa passa pelo crivo da razão, que a regula. Daí a razão porque o ser humano se insere no âmbito da moralidade. O natural e o racional se harmonizam.

É oportuna aqui a observação de Garcia-Huidobro:

---

60 FERNÁNDEZ-LARGO, A. O., Asimetrías entre la ley y el derecho en la doctrina de Santo Tomás, 289.
61 Ibid., 292.

Cabe afirmar que um dos ganhos mais significativos do jusnaturalismo tomista é que harmoniza o racional e o natural. O direito é algo natural, enquanto deriva de possibilidades humanas e enquanto é uma ordem adequada que existe em uma determinada sociedade. Porém, chega a ser tal, porque não se produziu de uma maneira arbitrária, mas através de leitos razoáveis, fruto de uma experiência mais que milenar, que são recolhidos pela doutrina, pelo costume, pelas sentenças dos tribunais e, em especial, pela lei[62].

Nessa perspectiva se entende a explicação de Fernández-Largo[63] de que o bem e o mal são atribuídos aos atos humanos em conformidade com a reta razão e essa, por sua vez, se entende como reta por se conformar a uma regra externa chamada lei, a qual procede de Deus, sendo conhecida naturalmente ou pela ciência. Obviamente esta conformidade com a lei não deve ocorrer de uma maneira cega, como se a lei por si mesma já fosse justa.

A razão se conforma à lei, dando-se conta do motivo dessa conformidade, mas tem também um papel ativo de avaliar uma lei, podendo mesmo notar se é justa ou não. Não sendo justa, deve ser denunciada como tal e impulsionada à mudança, embora a tarefa deva ser feita pela sociedade e pelos seus legítimos representantes. Uma lei iníqua e extremamente perversa poderá até sofrer objeção de consciência, dado que o que é legal nem sempre é legítimo.

---

62   GARCIA-HUIDOBRO, J., El proceso de "determinación" a partir de la ley natural en la filosofía jurídica de Tomás de Aquino, *Philosophica*, v. 14-15 (1991-1992) 177-204, aqui 189.

63   FERNÁNDEZ-LARGO, A. O., Asimetrías entre la ley y el derecho en la doctrina de Santo Tomás, 292.

De outra parte, a lei civil, que aparece em primeiro plano no discurso teológico sobre a lei em Tomás, é vista como uma intimidação da razão que estabelece uma conduta diante de um fim predeterminado, que é o princípio da razão prática e cabe exclusivamente à razão a captação desse fim. Sendo assim, a lei é uma das atividades mais nobres da inteligência humana. Ela é algo constituído pela razão[64].

O conceito de lei, envolvendo a lei natural e seu conteúdo, é uma das principais descobertas de Tomás, que a entendeu como uma série de preceitos legais apresentados pela razão, os primeiros preceitos da razão prática moral. Para o autor, a lei natural é a primeira irradiação da lei divina no mundo das leis da razão. A lei natural é como a luz dada por Deus à mente do homem para distinguir o bem e o mal. Ela é o suporte necessário da luz divina. A lei natural tem consistência, autonomia e justificação em si mesma, mesmo havendo outra lei moral revelada que, sem a negar, previamente a requer. Ela é como a impressão da luz divina em nós, uma irradiação em nossa mente da sabedoria divina que tudo governa, levando o homem a participar de um governo inteligente da vida humana. No entanto, ela não impede formalmente o seu conhecimento racional, já que a lei natural é possível de ser conhecida em suas exigências, sem que se conheça explicitamente sua fonte divina, sendo seu conhecimento espontâneo na natureza humana.

A razão humana possui uma disposição inata para as primeiras certezas do conhecimento humano. Tomás de Aquino, no entanto, acrescenta outra, a da sindérese, os princípios de ordem prática, sendo o hábito da inteligência que envolve os

---

64 Ibid., 292.

princípios da razão prática. Tais princípios são tão conaturais ao espírito humano que seu defeito equivaleria à falta de consciência moral. Estes princípios, embora espontâneos, não são arbitrários nem instantâneos. O que esses primeiros preceitos da razão natural cumprem tem um paralelo com os primeiros princípios quase inatos da razão especulativa. A lei natural envolve também princípios particulares sob a prudência governativa e não somente a sindérese. Tal prudência é um hábito da razão prática e pode apresentar leis derivadas e aplicações com base em leis naturais gerais e comuns da sindérese.

Em Tomás, a lei natural integra também preceitos muito diferentes e escalonados em sua racionalidade. A unidade, pluralidade e diversidade é um ponto de vista muito presente no pensamento de Tomás de Aquino. A lei natural é complexa e muito variada na sua unidade racional. Existe uma primeira divisão em preceitos universais e comuns e preceitos derivados e demonstrados. Os primeiros não podem faltar à pessoa, caso contrário haveria o desaparecimento de sua qualidade moral ou perda total da dignidade humana. Com relação aos preceitos derivados, poderia ocorrer aí a ignorância, o enfraquecimento, o ofuscamento e perversão. Ademais, uma coisa é admitir a existência da lei eterna, outra é pretender que todos os preceitos concluídos dela sejam verdadeiros, tal como na ordem especulativa[65]. Entende-se essa postura de Tomás pelo fato que os preceitos derivados já se distanciam de seu parâmetro, com a dificuldade de se notar um liame claro entre uma premissa e sua conclusão. Mas não só. Esse distanciamento pode também levar a erros com a perda de sintonia entre um e outro.

---

65   Ibid., 292-297.

Quanto à lei civil, ou seja, a lei emanada do poder político, esta também tem sua relação com a lei natural, já que tudo é fruto da razão humana. Os preceitos da lei civil estão em relação com os preceitos comuns da lei natural. Isso se dá de dois modos: como conclusões que derivam por razão prática sobre as condutas ou como determinações, em que a lei natural nada diz ou porque se trata de conteúdos diferentes. Já nesse caso, basta que a determinação legal não contrarie qualquer princípio positivo da lei natural[66]. A derivação por conclusão ocorre exclusivamente no interior da lei natural, nas relações entre os primeiros princípios e os preceitos derivados, enquanto que a determinação se dá por fora, por relações com a lei e o direito positivo[67]. Tomás, sempre em consonância com a lei natural, trata também da lei humana, podendo também ser chamada de lei positiva ou civil. Afirma:

> [...] a lei é certo ditame da razão prática. Ora, acha-se na razão prática processo semelhante ao da especulativa: ambas, com efeito, procedem de alguns princípios para algumas conclusões [...] Segundo isso, deve-se dizer que, como na razão especulativa de princípios indemonstráveis naturalmente conhecidos produzem-se conclusões das diversas ciências, cujo conhecimento não nos é inato, mas descoberto por esforço da razão, assim também dos preceitos da lei natural, como de alguns princípios comuns e indemonstráveis, é necessário que a razão humana proceda para dispor mais particularmente algumas coisas. E estas disposições particulares descobertas segundo a razão humana, dizem-se leis humanas, mantidas as outras condições que

---

66 Ibid., 298-299.
67 García-Huidobro, J., El proceso de "determinación" a partir de la ley natural en la filosofia jurídica de Tomás de Aquino, 177.

pertencem à razão de lei [...] Por isso, Túlio diz que a origem do direito veio da natureza, depois algumas coisas vieram como costumes por aprovação da razão, finalmente o que veio da natureza e foi aprovado pelo costume foi sancionado pelo medo e pela religião[68].

É certo que não é fácil estabelecer explicitamente um liame entre cada lei e a lei natural. Mas isso não é motivo para ignorar essa lei primordial, mesmo que estejam distantes de seu princípio fundamental. Mesmo os costumes, embora nem todos, não demonstram estar em conflito com ela. Além do mais, e de acordo com as diversas questões a legislar, há a necessidade de leis, ainda mais levando-se em conta uma sociedade que vai se tornando cada vez mais plural, mais complexa, e com mudanças cada vez mais rápidas.

Tomás de Aquino supõe a existência de uma regra ou lei natural da conduta humana. O conceito ou conteúdo desta lei influi na origem e no fundamento de toda ordem da moralidade. Dessa maneira, não se pode estabelecer um sistema de fins éticos ou entender e definir uma virtude ou um vício, uma ação boa ou má sem previamente declarar o que é o bem moral, a norma ou critério para estabelecê-lo, e quais os fins últimos a que a vida do homem deve se endereçar. Assim, é pela lei natural que se adentra o âmbito do bem e do mal moral, sendo o fator no qual se articula a natureza e a cultura[69].

A lei natural pode ser aplicada na ordem das coisas, como, por exemplo, nas ciências naturais, na física, na química, na biologia e assim por diante. Para se assenhorar da

---

68 AQUINO, Santo Tomás de, *Suma teológica,* I-II, q. 91, a. 3.
69 ESTEBANEZ, E. G., Estudio sobre el concepto de norma natural em Santo Tomás, *Estudios Filosóficos,* v. 1, n. 23 (1974) 5-45, aqui 5.

natureza é necessário o conhecimento de suas leis. As realidades inanimadas, bem como as animadas se apoiam no parâmetro dessa lei. O ser humano entra também no seu âmbito por ter um corpo, embora pelo seu espírito se subtraia ao determinismo. Aqui, no entanto, o que se propõe da lei natural, bem como da lei positiva, é a incidência delas na ordem moral e jurídica. Estas dizem respeito ao agir humano, que diferentemente de outros animais possui um agir livre e consciente e, tendo conhecimento da lei natural, nota que necessita ter uma sintonia com ela. Nesse sentido, necessidade e liberdade se articulam harmonicamente. Aqui também se verifica a distância da posição proposta pelos estoicos de uma absorção do ser humano por essa necessidade, adaptando-se inteiramente e deixando-se conduzir por ela. Por sua racionalidade, o ser humano não só extrapola tal necessidade como visa conscientemente um fim.

Surge um equívoco, um mal-entendido, quando se fala de lei natural. O motivo dos que a rechaçam é que ela justifica o *status quo*, em suma, é usada para justificar injustiças[70]. Ocorre que em casos assim, trata-se de instrumentalização. Não é próprio da lei prestar-se a isso. Um exame de um *status quo* poderá revelar sua justiça ou não. Não é sem razão que certos regimes não suportam questionamentos, vendo nas ideias adversários perigosos.

Estebanez explica a posição de Tomás nesse sentido[71]: a atividade natural do homem, enquanto se subtrai à ordem da razão é especificamente distinta da atividade natural regu-

---

70 ANNAS, J., Argumentaciónes éticas a partir de la naturaleza. Aristóteles y después, *Revista Latinoamericana de Filosofía*, v. 20, n. 2 (1994), 223-236, aqui 235.
71 ESTEBANEZ, E. G., Estudio sobre el concepto de norma natural em Santo Tomás, 18.

lada. A primeira é irracional e a segunda, racional. A ordem moral é deliberada e obrigatória. Naturalidade, deliberação e obrigatoriedade constituem três razões formais diferentes, que respectivamente especificam e distinguem a ação natural, a deliberada e a moral. A moralidade supões as ordens anteriores. A ordem deliberada encontra apoio no natural e o inclui. Nesse sentido, Tomás afirma que a ciência ética se subalterna à psicologia, ou ciência do homem, como agente natural e racional. A ordem natural é fundamento do deliberado e moral, porém não se confunde com eles. Por outro lado, o autor afirma expressamente a distinção entre o natural e o moral. A ordem natural e a moral não coincidem, mas um ocorre no outro e vice-versa. Assim, uma ação pode ser boa naturalmente e má moralmente, como, por exemplo, o adultério. Os apetites, com sua atividade, entram na ordem moral, quando regulados pela razão, sendo que em si mesmos não têm valor moral ou norma de moralidade. A inclinação racional é diferente do apetite sensitivo, sendo que, às vezes, busca o bem independentemente da sensualidade. Além do mais, entre as duas ordens existe uma tensão, uma espécie de hostilidade. Em suma, o que é de acordo com o apetite natural e animal em si mesmo é contrário ao apetite racional.

É importante notar, como faz ver Tomás, que é a razão o primeiro princípio das ações humanas e a raiz do bem humano, ou seja, do bem que convém à natureza humana toda. Disso não decorre que qualquer ação deliberada seja por isso mesmo natural ao homem, ou seja, boa na realidade. A atividade racional realmente humana é a que se pauta pelos fins verdadeiros da vida do homem, sendo que tais fins ou princípios são obrigatórios. Importa, portanto, saber quais são tais fins verdadeiros. De uma parte, eles são dos instintos. Para falar dos fins obrigatórios recorre-se aos fins tendenciais, sendo que o objeto da vontade humana é o bem de todas as potências do homem, assim distribuídas: substancial, animal e racional. Há também a consequência da relação do fim com as partes: o bem das partes leva em conta sua proporção com o todo, mas a natureza do todo depende da índole das partes. Todavia, a primazia normativa está para a razão e não para os apetites. Por outro lado, Tomás admite que em um nível estritamente tendencial ou psicológico, a natureza é norma de algum modo[72].

O ser humano busca com seus atos sua perfeição e felicidade, que é esse fim, que é um bem, enquanto o mal é rechaçado. O bem é o que todo agente apetece. Nesse sentido, ação e bem são inclusivos, sendo que a ação visa o bem. Daí Tomás considera que a lei natural, que preside a ordem da atividade moral, propõe o conceito do bem em geral, que preside a ordem da atividade[73].

Após essas considerações, resta, por último, tratar ainda da lei divina positiva em Tomás de Aquino. Diz ele:

> Além da lei natural e da lei humana, foi necessário para a direção da vida humana ter a lei divina. E isso por quatro razões. Em primeiro lugar, porque pela lei é dirigido o homem aos atos próprios em ordem ao fim último. E se o homem se ordenasse apenas ao fim que não excedesse a proporção da potência humana natural, não seria necessário que o homem tivesse algo diretivo da parte da razão, acima da lei natural e da lei humanamente posta, que dela derivasse. Mas, porque o homem se ordena ao fim da bem-

---

[72] Ibid., 22.
[73] Ibid., 6-7.

aventurança eterna, que excede a proporção da potência natural humana, como acima se mostrou, assim foi necessário que acima da lei natural e humana, fosse dirigido também a seu fim pela lei divinamente dada. Em segundo lugar, porque, em razão da incerteza do juízo humano, precipuamente sobre as coisas contingentes e particulares, aconteceu haver a respeito dos diversos atos humanos juízos diversos, dos quais também procedem leis diversas e contrárias. Para que o homem, pois, sem qualquer dúvida possa conhecer o que lhe cabe agir e o que evitar, foi necessário que, nos atos próprios, ele fosse dirigido por lei divinamente dada, a respeito da qual consta que não pode errar. Em terceiro lugar, porque o homem pode legislar sobre aquelas coisas das quais pode julgar. O juízo do homem, com efeito, não pode ser sobre movimentos interiores, que estão ocultos, mas apenas sobre os atos exteriores, que aparecem. E, contudo, para a perfeição da virtude requer-se que em uns e outros atos o homem viva retamente. E assim a lei humana não pôde coibir e ordenar suficientemente os atos interiores, mas foi necessário que para isso sobreviesse a lei divina. Em quarto lugar, como diz Agostinho, a lei humana não pode punir ou proibir todas as coisas que se praticam mal, pois, se quisesse retirar todos os males, seguir-se-ia que também se suprimiriam muitos bens, e se impediria a utilidade do bem comum, que é necessário para a convivência humana. Para que, então, nenhum mal permaneça não proibido ou não punido, foi necessário que sobreviesse a lei divina, pela qual todos os pecados são proibidos[74].

Embora, haja a lei natural que o ser humano verifica pela razão, ela não é suficiente. É certo que é possível chegar à ideia de Deus pela razão, por uma teologia racional ou filosó-

---

74   AQUINO, Santo Tomás de, *Suma teológica*, I-II, q. 91, a. 4.

fica. No entanto, existe também uma Revelação, que vai além do conhecimento e dos parâmetros humanos. Por esta Revelação fica-se sabendo do plano de Deus para toda criatura, qual o seu fim último, que se encontra além desse mundo, e pelo saber natural não se chegaria a esse patamar. Daí a necessidade de leis divinas reveladas, chamadas positivas e dirigidas diretamente ao ser humano completando a lei natural, que se apresenta de modo indireto. Tudo isso em vista de seu destino final.

1.2. Conceito

Para os defensores do jusnaturalismo, as leis naturais se originam da natureza das coisas. Na concepção dos jusnaturalismo há duas ordens: O Direito Natural e o Direito Positivo[75]. O Direito Natural é anterior e superior ao Positivo, com seu fundamento na natureza humana. Ele é imutável,

---

[75] O tema em estudo se ocupa da relação entre lei natural e lei positiva. No entanto, ao se tratar de tais leis, frequentemente se fala, ao mesmo tempo, de direito natural e direito positivo, o que é comum nos autores. Não é objetivo aqui enfocar a relação entre lei natural e direito natural. Cabe apenas uma explicação, nesse sentido. Após isso, poder-se-á falar dessas duas realidades conjuntamente nas páginas a seguir, sem, no entanto, perder de vista o enfoque da lei natural em articulação com a lei positiva. A explicação dessa relação é que a lei natural é fonte do direito natural, enquanto este é apenas um aspecto da mesma, segundo Pienda e Guisasola (Derecho humano a la luz de los conceptos de "ley natural" y "derecho natural" en Santo Tomás, 13). Segundo Pietro (Las fuentes jurídicas romanas en Santo Tomás de Aquino, 104), em certas ocasiões, Tomás de Aquino fala de modo indistinto de direito natural e lei natural, consciente que não são termos idênticos, mas que a lei é "certa razão do direito". No entanto, segundo Chorão (Jusnaturalismo, 291), na doutrina do realismo jurídico clássico, mesmo que intimamente relacionados, direito (*ius*) e lei (*lex*) não se confundem, sendo o primeiro a própria causa justa, objeto da justiça, enquanto que a lei é causa e medida do justo.

encerrando em si os alicerces da ordem justa, devendo guiar os homens na elaboração do Direito positivado em suas circunstâncias históricas. Ele transcende também a ordem positiva por não se constituir em criação humana. Por oferecer aos homens os fundamentos da ordem justa, o Direito Natural é a fonte para a humanidade na busca dos valores humanos fundamentais. Dessa maneira, valores como a vida, a igualdade e a liberdade promanam do Direito Natural. São valores aceitos por toda humanidade, sem os quais a vida humana seria impossível. Em resumo, o Direito Natural é considerado fonte legitimadora do Direito Positivo. Considera-se que a legalidade se subordina à legitimidade, sendo que esta última se enraíza nas exigências da natureza humana[76]. Nas palavras de Chorão:

> Para o jusnaturalismo em sentido próprio, o direito natural, dimanado da *natureza das coisas* (do homem ou de outras entidades), constitui o elemento básico e nuclear da ordem jurídica e a medida da legitimidade do direito positivo. Este problema do fundamento do direito, que interessa à filosofia jurídica e política, está intimamente relacionado com a questão mais geral da existência de uma lei moral natural reguladora do agir humano[77].

Não há, no entanto, apenas um naturalismo. Existe o jusnaturalismo realista clássico de tradição aristotélica, romanista e tomista; o racionalista moderno dos séculos XVII e XVIII; o jusnaturalismo em sentido estrito, com pressuposição de uma verdadeiro direito natural com fundamento on-

---

76 COSTA, W. S., Sobre o naturalismo e a busca da justiça, *Fragmentos de cultura*, v. 12 (2002) 47-57.
77 CHORÃO, M. B., Jusnaturalismo, 90.

tológico e o jusnaturalismo em sentido lato, onde há diversas orientações que, embora exigindo para o Direito certos condicionamentos contra o arbítrio da lei, não chegam ao direito natural *stricto sensu*, sendo que alguns autores preferem qualificar tais orientações de "objetivismo jurídico". Variáveis são também os conceitos de *direito natural* e *natureza*[78].

Certas concepções do jusnaturalismo geraram mal-entendidos, chegando-se mesmo a seu rechaço. É o que constata a Comissão Teológica Internacional. Segundo a mesma, o jusnaturalismo, de acordo com seus vários conceitos de lei natural, ganhou na época moderna formas que dificultam sua aceitação hoje. Por exemplo, durante os últimos séculos da Idade Média, surgiu uma corrente voluntarista na escolástica, modificando profundamente a noção da lei natural. O voluntarismo visa valorizar a transcendência do sujeito livre frente a todos os condicionamentos. Opondo-se ao naturalismo, cuja tendência era sujeitar Deus às leis da natureza, ele aponta para a absoluta liberdade de Deus, arriscando comprometer sua sabedoria e tornar arbitrárias suas decisões. Da mesma forma, opondo-se ao intelectualismo, com receio de se sujeitar a pessoa humana à ordem do mundo, exalta uma liberdade de indiferença, com a possibilidade da escolha dos contrários, com o risco de separar a pessoa de suas inclinações naturais e do bem objetivo.

As consequências disso é que a lei, entendida como obra da razão, passa agora a ser vista pelo voluntarismo como ligada à própria vontade, e esta, por sua vez, separada de sua ordenação intrínseca ao bem. Assim, a força da lei se encontra na vontade do legislador. A lei é assim esvaziada de sua

---

78 Ibid., 91.

inteligibilidade intrínseca. Uma visão moderna de autonomia humana se insurgiria contra tal visão. Tal tese voluntarista, que defende que Deus poderia agir independentemente de sua sabedoria e bondade, relativiza as estruturas inteligíveis existentes e enfraquece o conhecimento natural humano. O conhecimento de Deus dar-se-ia somente pela revelação, excluindo-se uma teologia natural.

Outro problema no final da Idade Média é o do divórcio entre fé e razão[79]. Esse jusnaturalismo voluntarista evidentemente é contrário àquele defendido por Tomás de Aquino em que a razão ocupa o seu devido lugar, com seu papel de descobrir uma inteligibilidade nas coisas e que remonta a Deus, encontrando-se aí a lei eterna, fundamento último da lei natural.

O jusnaturalismo de caráter tomasiano se apresenta quando se nota que não se pode ter como base opiniões que não se sustentam, julgamentos que não encontram solidez, objetividade em suas premissas, posicionamentos aleatórios, todos facilmente questionados. O jusnaturalismo tomasiano procura, portanto, bases que possam ser aceitas. A ordem natural das coisas passa a ser essa base, pois precede os nossos conhecimentos, sendo a fonte da gnosiologia, já que pensamos assim porque as coisas são de tal forma e não seu contrário. De outra parte, o trabalho da razão não é passivo, como que aprisionado ao determinismo da ordem natural. Ele é ativo e criativo, mas está assentado sobre essa ordem. Ele é um antídoto contra aquelas opiniões arbitrárias, geralmente impostas por regimes de força, que não pretendem apresentar motivos, justificativas convincentes para seus atos, que não são mais que defesas de seus próprias suas conveniências, de acordo

---

79 COMISSÃO TEOLÓGICA INTERNACIONAL, *Em busca de uma ética universal*, 37-38.

com um modo de pensar. Segundo Cunha[80], para Tomás de Aquino é a verdade e não a autoridade que faz a lei, tal como o pretende Hobbes, por exemplo, em seu positivismo político-jurídico, não sendo a lei mera expressão da força estatal. A sua finalidade também é o bem comum. Para se entender essa afirmação do autor, embora seja a autoridade a responsável pela lei, em sua elaboração e promulgação, a autoridade não é a sua fonte, devendo ter, como base, a verdade.

---

80 CUNHA, J. R., Lei, moral e justiça em Santo Tomás de Aquino, *An. Filos.*, n. 8 (2001) 9-27, aqui 14.

2

O juspositivismo
História e conceito

Assim como o jusnaturalismo, o juspositivismo é também um pensamento jurídico. No entanto, não se pretende aqui um tratamento seu enquanto conceito e história, uma vez que Tomás de Aquino não lhe deu tanto peso quanto ao jusnaturalismo. Mesmo assim, merece atenção porque também é necessário como outro pilar do Direito. Tomás notou a sua necessidade, seu significado e importância.

2.1. História

Em termos históricos há bem pouco a dizer. Basta saber que o juspositivismo se encontra na lei escrita, independentemente se está ou não em harmonia com a lei natural, bastando a sua promulgação. Está presente nos códigos antigos e atuais. Sobre seu início, tem-se como o mais antigo o Código de Hamurabi, escrito em pedra, e assim chamado por acreditar que tenha sido escrito pelo rei Hamurabi, no ano 1772 a.C. No caso da lei divina positiva na antiguidade, há como exemplo o Decálogo, bem como os códigos de outras religiões.

2.2. Conceito

Sobre o conceito do juspositivismo ou positivismo jurídico, as definições apresentadas estão de acordo com a afirmação de que o direito é um conjunto de normas formuladas e postas em vigor. O direito, nesse sentido, "decorre de fontes humanas". Kelsen, de sua parte, considerava que "somente o direito posto por seres humanos é direito positivo". O direito é proveniente de atos de vontade de autoridade legislativa e, quanto a isso, tanto os titulares quanto os procedimentos diferem em cada período histórico. A validade das normas jurídicas depende de condutas humanas individuais e coletivas, que criam as normas[1].

No seu sentido amplo, o juspositivismo é uma teoria monista do direito contrastando com o dualismo jurídico, que defende um direito natural ao lado do direito criado pelo legislador. No seu sentido estrito, adota uma separação entre direito e moral, diversamente da visão unionista segundo a qual o direito não pode ser separado da moral[2]. O estudo e a compreensão do direito não incluem sua avaliação moral, e o reconhecimento da validade não depende da sua conformidade a critérios sobre o justo e o correto, não interessando o valor e sim a validade do direito, logo, não interessando a substância, mas sim a forma[3]. Isso faz com que se desmereça a moral e a justiça como fundamentos objetivos, subordinando-os à lei positiva ditada pela autoridade jurídica, conforme indica Sacheri:

> O positivismo jurídico consiste essencialmente em reduzir o direito e a justiça ao que está estabelecido na lei positiva ditada pela autoridade jurídica; por isso, nega validez

---

[1] DIMOULIS, D., *Positivismo jurídico. Significado e correntes*, disponível em: <https://enciclopediajuridica.pucsp.br/verbete/84/edicao-1/positivismo-juridico:-significado-ecorrentes>, Acesso em: 10 abr. 2019.

[2] Explica Colussi: "São duas as principais correntes do positivismo jurídico: a corrente mais radical, que afasta por completo a participação da moral quando da análise do texto jurídico (tanto para verificar sua validade, quanto para interpretá-lo), colocando a autoridade no posto de fonte exclusiva de direito, promovendo um *status* de "obediência" da população (que segue as normas ou por medo, ou por respeito à autoridade que a criou). A segunda corrente, mais moderada, continua defendendo a separação da moral e do direito, mas permite que tal separação seja relevada em casos específicos de validação e interpretação da norma legal" (COLUSSI, F. A. M., *Positivismo jurídico. Definições e críticas*).

[3] DIMOULIS, D., *Positivismo jurídico. Significado e correntes*.

à doutrina do direito natural, reduz a moral e a justiça a uma valorização puramente subjetiva e nega à pessoa todo direito que não seja expressamente reconhecido pela autoridade[4].

Tal atitude positivista acaba por identificar pura e simplesmente lei com justiça, como esclarece Martins:

> Para os juspositivistas a justiça é quando leis impostas pelas autoridades são cumpridas, enquanto para os defensores do direito natural a justiça não depende simplesmente do cumprimento de uma norma, pois podem existir leis iníquas, portanto existe uma justiça natural que acontece quando cada um recebe o que lhe é devido, quando o seu direito mesmo não reconhecido em lei é reconhecido. Neste último caso o direito ultrapassa os limites de uma visão apenas normativa[5].

Sobre a lei positiva, componente do juspositivismo, o termo "positivo" indica que a lei (norma ou regra) do agir humano é estabelecida, posta (*posita*) em determinado tempo numa sociedade. Distingue-se tradicionalmente em divina (lei divina escrita) e humana (lei humana), procedendo de Deus e dos homens respectivamente. A lei humana, por sua vez, pode ser eclesiástica, se diz respeito à Igreja, ou civil se à sociedade política. Numa visão tomista, a lei positiva é um ditame da razão prática (causa formal), ordenadora da ação humana (causa material) para o bem comum (causa final), emanado da autoridade competente (causa eficiente). Tal concepção de raiz inte-

---

[4] SACHERI, C. A., *A ordem natural*, São Paulo, Cristo Rei, 2014, 44.
[5] MARTINS, S. A., *O Direito Natural e o Direito Positivo*, disponível em: <https://jus.com.br/artigos/51928/o-direito-natural-e-o-direito-positivo>. Acesso em: 10 abr. 2019.

lectualista encontra o seu oposto no voluntarismo do legalismo positivista moderno, resultado de várias influências (Duns Scoto, Ockham etc.). Para a doutrina clássica, a lei só é verdadeira quando justa, de acordo com a reta razão, enquanto que para o legalismo a lei é essencialmente a imposição do poder. Para a mesma doutrina, vem em primeiro lugar uma ordenação da conduta para o bem comum e, em vista disso, vem como elemento secundário a coação, garantindo assim a eficácia da função ordenadora da norma. De outra parte, para outras concepções de cunho positivista e estatista, o valor maior está para a coação da lei. Kelsen, por exemplo, a estabelece como elemento primário e essencial da ordem jurídica[6].

Bobbio apresenta, de modo mais explícito, a posição do jusnaturalismo e do positivismo jurídico na sua relação recíproca:

> Enquanto o jusnaturalismo afirma a superioridade do direito natural sobre o positivo, o positivismo jurídico não afirma a superioridade do direito positivo sobre o natural, mas a exclusividade do direito positivo. Por outro lado, enquanto o positivismo jurídico afirma a exclusividade do primeiro, o jusnaturalismo declara não que existe apenas o direito natural, mas que existe também o positivo, embora em posição de inferioridade em relação àquele. De maneira mais breve: por jusnaturalismo entendo a teoria da superioridade do direito natural sobre o positivo; por positivismo jurídico, a teoria da exclusividade do direito positivo. O jusnaturalismo é dualista, o positivismo jurídico, monista[7].

---

6   CHORÃO, M. B., Jusnaturalismo, 289-290.
7   BOBBIO, N., *Jusnaturalismo e positivismo jurídico*, São Paulo, Unesp-Instituto Norberto Bobbio, 2016, 156.

No entender de Bobbio[8], há vários aspectos do positivismo jurídico: 1) como um modo de aproximar-se do estudo do direito; 2) como uma determinada teoria ou concepção do direito e 3) como certa ideologia da justiça. O mesmo se deve dizer do jusnaturalismo, que, segundo Bobbio[9], se divide em três formas. Essa diversidade dentro das duas concepções, segundo o autor acima, acaba também influindo no relacionamento entre ambas, conforme afirma o autor:

> [...] as expressões "jusnaturalismo" e "positivismo jurídico" foram empregadas com significados tão diversos que as relações entre as duas correntes dispõem-se em diversos planos, conforme esteja em questão um ou outro significado; segundo, apenas um deles constitui uma verdadeira alternativa. Exatamente pelo fato de não levar em conta os diversos planos deriva a curiosa consequência de que, com frequência, os argumentos dos dois adversários não se encontram e, depois do duelo de morte, estão ambos mais vivos do que antes[10].

O autor acima[11] entende também que, dependendo de pontos de vista, de como eles se colocam um frente ao outro, podem ser tanto inimigos quanto irmãos. A obra de Bobbio *Jusnaturalismo e positivismo jurídico* trata das duas correntes de maneira minuciosa em seus mais detalhados segmentos, o que é importante para se ter em conta que as duas posições incluem variações. Contudo, aqui não se pretende tratar desses aspectos do juspositivismo em particular, mas con-

---

8   Ibid., 130.
9   Ibid., 158-159.
10 Ibid., 155.
11 Ibid., 174-175.

siderar essa posição no seu todo, mesmo que se faça menção de algumas dessas particularidades. Isso também vale para o jusnaturalismo, embora focalize a posição de Tomás de Aquino. O objetivo é a relação entre as duas concepções em linhas mais gerais, considerando também os seus pressupostos filosóficos.

3

Jusnaturalismo e juspositivismo
Divergências

Tomás de Aquino e o pensamento tomista defendem que o juspositivismo tem a função de coadjuvar o jusnaturalismo. Entre os dois existe uma aproximação estreita. Em muitos casos é possível inclusive notar a nítida presença da lei natural presidindo as atitudes e as normas dos indivíduos e das sociedades. Exemplos não faltam, inclusive alguns deles podem ser aqui elencados: em lugar algum se verifica que uma criancinha possa contrair matrimônio de direito e de fato. Se em certas sociedades tal casamento de direito é possível, não o é de fato. Essa mesma criança jamais poderá ocupar qualquer cargo de responsabilidade, o que somente é possível a um adulto consciente e capaz. Seria isso apenas uma convenção? A resposta é obviamente não. Qual a razão? Evidentemente porque essa criança não possui capacidades físicas, psicológicas e culturais para tanto. É quase que totalmente tutelada. No início de sua existência nem mesmo se dá conta dela. O mesmo se poderia dizer de um adulto que não estivesse em uso normal de suas faculdades. Ao menos nessas questões limites, as pessoas irão entender a lógica da natureza das coisas. Se há um consenso entre os indivíduos quanto a esses exemplos, uma espécie de convergência na lei natural, a questão não é tão simples em tantos outros casos, abrindo-se um leque de divergências, o que será discutido a seguir.

3.1. O jusnaturalismo e seus limites

As dificuldades começam a surgir quando as questões não são evidentes e a realidade já é mais complexa, entrando aqui uma infinidade de variantes, uma gama dos mais diversos fatores. Serve aqui um exemplo: por que em uma sociedade um mesmo delito é punido de uma maneira mais leve e mais grave em outra? Ou então, por que em determinados países certos atos nem são delitos e em outros sim? Essa mesma diferença pode ser também encontrada entre uma ação boa e sua recompensa. Por aí se pode notar que a lei positiva prevalece, com todas as suas justificativas. Essas justificativas podem também basear-se nas mais diferentes razões. Além do mais, embora se reconheça a lei natural, o que se nota é que a maioria das normas existentes são de caráter positivo, haja vista a grande quantidade de leis escritas para os mais diversos setores da vida social. Tais leis tendem a crescer cada vez mais, dados os fatores novos e especiais, que requerem regulamentação. A ordem natural das coisas vai ficando cada vez mais remota e a ordem positiva ganhando mais terreno, mais independência e até mesmo exclusividade. Em resumo, a impressão é que a lei positiva anda muito desvinculada da lei natural.

Um exemplo também pode ser apresentado a respeito da propriedade particular. Ela era tida como um direito natural. No entanto, não goza de universalidade, um dos critérios para se caracterizar o direito natural. Exemplo disso é que os indígenas vivem sob o regime de propriedade coletiva. Natural é o acesso aos bens. Sem isso, a vida não é possível. O modo de acesso a esses bens, seja individual ou coletivo depende de cada povo, de cada cultura, ainda que a propriedade particular seja a mais comum. O regime de propriedade pode ser um ou outro. Em relação à lei natural ele é apenas indiferente.

Um outro posicionamento entra também nessa questão. No passado naturalizava-se o cultural. Hodiernamente acentua-se o fator cultural. Trata-se do binômio natureza-cultura em um movimento de gangorra. Ainda que um elemento cultural tenha base natural, o cultural diz respeito ao positivo, àquilo que é mais apropriado num determinado momento ou restrito a uma determinada cultura e que pode ser modificado, caso não responda às necessidades de novos tempos ou circunstâncias.

Isso se verifica na ordem jurídica conforme nota Garcia-Huidobro[1], quando afirma que "a filosofia jurídica moderna é uma filosofia legalista. Na modernidade se observa uma progressiva redução das fontes do direito somente à lei". Tal comportamento revela uma crença na soberania humana, de que, aos poucos, o ser humano vai se assenhorando do que encontra ao seu redor, trazendo tudo para o seu domínio.

Do próprio Tomás de Aquino surge também uma dificuldade, quando ele admite que entre a lei natural e o que se estabelece depois pode se dar também por determinação. Ou seja, que entre um termo e outro não há um liame estreito e lógico. Contudo, não há também uma oposição, uma exclusão, podendo-se conectar uma coisa com outra. No entanto, mesmo não havendo essa exclusão, não se consegue percorrendo um itinerário lógico chegar por uma regressão a um ponto inicial, ou seja, a um fundamento que se possa chamar de direito natural. Isso somente seria possível no caso de conclusão, que é a outra via admitida por Tomás. A via de determinação abre uma possibilidade para uma interpretação pouco favorável ao jusnaturalismo, muito embora não o contradiga[2].

---

[1] GARCIA-HUIDOBRO, J., El proceso de "determinación" a partir de la ley natural en la filosofia jurídica de Tomás de Aquino, 180.

[2] Um exemplo de via de conclusão pode ser o seguinte: o ser humano, por ser racional e livre, em se tratando de uma pessoa normal, é em decorrência disso

O pensamento tomista poderia contribuir também para com uma postura juspositivista, de acordo com a seguinte explicação: uma passagem, uma aplicação, de um princípio geral para uma conclusão pode ocorrer de dois modos: 1) por via de composição ou adição e 2) por via de explicitação do conceito, ou do conceito mais claro[3]. No primeiro caso, um conceito não se opõe ao outro, mas também não se ligam um ao outro. No exemplo: "vestido azul", o conceito vestido não exige o conceito azul, pois poderá haver tanto um vestido amarelo quanto um de qualquer outra cor, da mesma maneira que são possíveis uma casa azul, um carro azul etc., objetos outros que não um vestido, e assim por diante. Nota-se que são realidades independentes, ainda que não contraditórias. A união dos dois conceitos é simplesmente aleatória. Isso dá motivo para aqueles que entendem que as realidades são perfeitamente convencionais, não se podendo falar de lei natural como algo fundante. No segundo caso, o geral está sempre embutido no particular, como, por exemplo, o gênero que se encontra sempre na espécie. O conceito posterior inclui sempre o anterior. Assim, dentro do conceito de "paulista" está contido o conceito de "brasileiro", dentro do conceito de "brasileiro" está o de "latino-americano". Dessa forma, percebe-se o liame de um conceito com outro. Se nesse caso, possibilita-se uma

---

      responsável por seus atos. Portanto, se comete um delito, deve pagar por ele. Quanto à determinação, uma pena depende de cada sociedade quanto ao seu conteúdo, sem entrar no mérito se é ou não justa, se há ou não uma proporcionalidade entre o delito e a pena, o que cabe a um juízo crítico. O que importa é determinar uma penalidade. A decisão vem de fora, estabelecida por uma autoridade.

[3]   NAPOLI, I. di, *Manuale philosophiae* ad usum seminariorum, v. 2, *Psychologia, gnoseologia, ontologia*, Torino, Marietti, 1966, 412-413.

compreensão do jusnaturalismo, enquanto no primeiro caso há dificuldades para sua aceitação.

Além do mais, dadas as descobertas científicas e tecnológicas dos dias de hoje, surge uma concepção de que o saber pode cada vez mais interferir na ordem natural das coisas. Assim, fica cada vez mais distante a ideia concebida pelos estoicos de submissão à natureza, invertendo-se a ordem com a submissão desta ao homem[4]. Se o ser humano é o forjador, aquele que decide, ele está acima de suas decisões e pode mudá-las também. Daí a ideia de que as coisas não passam de convenções, podendo ser mudadas sempre que for necessário. A própria moral não escapa dessa compreensão. Enfim, todas essas posições poderão encontrar na cultura e nos meios de comunicação um terreno fértil para sua influência. Na questão dos direitos, por exemplo, sob a visão jusnaturalista, os mesmos são reconhecidos, mas sob a visão juspositivista seriam atribuídos pelo Estado ou pela sociedade. No entanto, tais direitos precedem tanto o Estado, quanto a sociedade. É verdade que se poderia fazer injustiça ao juspositivismo, distorcendo-o. Mas também é verdade que, ao menos, uma determinada atribuição fez vítimas na história da humanidade, quando no regime nazista os portadores de necessidades especiais, grupos sociais e etnias foram fisicamente eliminados, sendo que o estado não lhes atribuía valor, embora atitudes semelhantes tenham ocorrido também em outros regimes. Foi exatamente diante disso que a posição jusnaturalista ressurgiu. Enfim, as rápidas mudanças ocorridas na sociedade favorecem a ideia de que a realidade é bastante

---

4   SACHERI, C. A., *A ordem natural*, 44, nota 94: "O domínio da natureza é possível, desde que se observem as suas leis".

dinâmica. Ela soa mais heraclitiana que parmenídica, apresentando dificuldades de estabelecer pontos fixos como ancoradouros de proposições. A ideia de uma lei natural, mais uma vez, encontra dificuldades por esse motivo. As mudanças constantes levam o ser humano a reinterpretar a realidade de tempos em tempos. As coisas também são vistas não tanto como algo dado, mas como uma construção, além de transitórias. Uma concepção jusnaturalista encontra pouca cidadania nesse âmbito.

A Comissão Teológica Internacional, organismo da Igreja Católica, ao tratar da lei natural sobre um novo olhar, reconhece também as dificuldades da expressão "lei natural". Ela é atualmente fonte de mal-entendidos, chegando mesmo a fazer críticas à teologia cristã por seus erros de interpretação do jusnaturalismo. Diz o texto:

> É verdade que a expressão "lei natural" é fonte de numerosos mal-entendidos no contexto atual. Por vezes, ela evoca simplesmente uma submissão resignada e totalmente passiva às leis físicas da natureza, quando o ser humano busca, com razão, dominar e orientar esses determinismos para seu bem. Por vezes, apresentada como um dom objetivo que se impõe de fora da consciência pessoal, independentemente do trabalho da razão e da subjetividade, ela é suspeita de introduzir uma forma de heteronismo insuportável à dignidade da pessoa humana livre. Outras vezes também, no curso de sua história, a teologia cristã justificou, muito facilmente, com a lei natural, posições antropológicas que, em seguida, apareceram como condicionadas pelo contexto histórico e cultural[5].

---

5   COMISSÃO TEOLÓGICA INTERNACIONAL, *Em busca de uma ética universal*, 12.

Natureza e cultura podem ser considerados o pano de fundo desse panorama acima apresentado[6], ambas infeliz-

---

[6] Uma explicação de cada conceito se faz necessária. Em primeiro lugar temos o termo natureza. Ela provém do termo latino *natura*, que, por sua vez, tem no grego o termo *physis*, sendo os significados equivalentes. Segundo Napoli (*Manuale philosophiae* ad usum seminariorum, v. 2, 456), em sentido filosófico *natureza* é a essência entendida como princípio fundamental das operações e paixões, ou princípio de que nascem as operações. Nota-se, portanto, que se trata de uma visão dinâmica da essência que, por sua vez, indica um sentido mais estático. Conforme Kuhn (Natureza, in: FRIES, H., *Dicionário de Teologia. Conceitos fundamentais da teologia atual*, São Paulo, Loyola, 1970, 410), indica também a ideia de uma coisa que surge de modo autônomo, ou seja, sem um influxo estranho. Costuma-se, portanto, estabelecer uma oposição entre natureza e convenção, "o que é por natureza" e "o que é por convenção" (NANDÉ, 2001, 2048). O termo natureza encerra também outros significados. Os autores Durozoi e Roussel (Natureza, In: ID., *Dicionário de filosofia*, Campinas, Papirus, 1993) indicam dois significados do termo: 1) Natureza de um ser: princípio que dirige o desenvolvimento de um ser. Nesse sentido, a natureza como causa se opõe à arte ou técnica. Entende-se também como essência, um conjunto de características que definem um ser em conformidade com sua espécie. Nessa ótica se fala da existência de uma *natureza humana*, presente em qualquer homem, noção contestada pela etnologia e pela psicologia e filosoficamente pelo marxismo e pelo existencialismo. Entende-se por tudo que é inato e espontâneo em uma espécie, opondo-se à cultura e teologicamente à revelação e à graça. Em sentido mais particular designa as características próprias de um indivíduo, que o distinguem dos outros. É sinônimo de caráter ou temperamento. 2) Natureza em geral: conjunto de coisas (reino animal, vegetal e mineral) obedecendo a leis gerais. Esse mesmo sentido pode ser assim especificado: conjunto do que Deus criou ou numa visão não-cristã, tudo o que existe; conjunto dos seres subordinados a uma causalidade quase mecânica em oposição à liberdade ou espírito. Para cada ser realizar a sua essência a natureza pode ser considerada como princípio normativo. Nesse aspecto, as "leis da natureza" seriam leis universais não escritas, sendo as leis humanas apenas uma imitação ou particularização. O ato "contra a natureza" significa classicamente um certo grau de perversidade, principalmente sexual. Para Legrand (Natureza, in: ID., *Dicionário de filosofia*, v. 3, Lisboa, 70, 1986, 277-278), *physis* evoca a ideia de tumefação, germinação. O autor apresenta ainda outros significados que podem ser classificados em seis grupos: 1) conjunto ordenado de seres vivos; 2) estrutura essencial de um corpo ou um conjunto funcional; 3) um princípio criador ou formador do universo; 4) princípio alegórico da

mente nem sempre livres de distorções, devendo ser corrigidas e, melhor ainda, evitadas. De outra parte, essas duas realidades possuem entre si uma relação harmoniosa de influência recíproca e benéfica para ambas. Uma não pode pretender avançar indevidamente sobre o terreno da outra e, ainda menos, substituí-la. Brugger mostra a sintonia que deve existir entre natureza e cultura:

> [...] tanto a origem como o fim encadeiam entre si natureza e cultura [...] A cultura encontra igualmente seu verdadeiro fim no aperfeiçoamento da natureza do homem. A direção

vida, como algo mais espontâneo e mais real que as criações do homem (uma derivação do precedente); 5) caráter manifestado por um indivíduo de modo mais ou menos espontâneo e 6) princípios de ordem moral imanente, ultrapassando a ideia de "natureza humana" para se referir sentimentalmente à consciência: "A voz da natureza". Como se pode notar, os significados são muitos. Porém, em síntese, poder-se-ia também afirmar que natureza significa aquilo que é próprio de uma coisa, aquilo que é pertinente a uma realidade.
Com relação ao vocábulo cultura, como já se observou, costuma-se formar um binômio junto com natureza e em sentido contrário. Se por natureza se considera algo dado, que precede a ação do homem, cultura indica algo construído por ele. O termo, conforme Brugger (*Dicionário de Filosofia*, 120), deriva do latim *colere*, que significa cultivar. Segundo Lalande (Cultura, in: ID., *Vocabulário técnico e crítico da filosofia*, São Paulo, Martins Fontes, 1996, 223), no sentido mais estreito e próximo do sentido material, significa desenvolvimento ou resultado deste de certas faculdades do espírito ou do corpo, por meio de um exercício apropriado. Daí, por exemplo, as expressões "cultura física", "cultura matemática". De modo mais geral e comum, entende-se como: 1) característica de uma pessoa instruída tendo desenvolvido pela instrução o seu gosto, o seu sentido crítico e juízo; 2) educação cujo efeito é produzir essa característica e, de modo mais raro, 3) civilização. Foulquié (Culture, in: ID., *Dictionnaire de la langue philosophique*, Paris, Presses Universitaires de France, 1962, 148), por sua vez, estabelece para o termo uma classificação, segundo o sentido próprio e o figurado. No sentido próprio, trata-se do cultivo da terra em vista de suas colheitas e, no sentido concreto: uma terra cultivada ou uma espécie particular de produção agrícola. No sentido figurado, trata-se da ação de cultivar, desenvolver, mediante exercício, tanto o corpo (cultura física), como o espírito ou alma (cultura intelectual, espiritual, moral).

e medida da atividade criadora da cultura são essencialmente determinadas por ela. Um desenvolvimento da cultura, orientado contra a essência do homem, não é verdadeira cultura, mas *pseudocultura*[7].

Atualmente, mesmo os conteúdos da lei natural que Tomás de Aquino apresenta, na prática são colocados em questão. É o que os autores Pienda e Guisasola[8] indicam. Segundo os mesmos, uma prova da lei natural proposta por Tomás se dá pelo paralelismo entre o modo de agir da razão especulativa e o da razão prática, o que o autor repete com frequência. Tal proposição começa a ser tornar problemática. Tomás afirma que a razão especulativa age de acordo com alguns princípios naturalmente conhecidos, como o desejo de conhecer a verdade e o ser em geral, enquanto que a razão prática age de acordo com outros princípios conaturais, como o apetite do bem em geral e o do fim último. Em resumo, afirma que assim como o raciocínio parte de princípios conhecidos, a volição de algo ordenado a um fim promana do desejo natural do fim último. A dificuldade é que, se supondo a existência de um desejo natural de um fim último, seria necessário saber se o conteúdo material de tal fim último está determinado ou se o homem deve concretizá-lo com o auxílio de sua inteligência, de seus desejos e sua vontade, estando altamente condicionado pelas circunstâncias geofísicas e culturais. Há muitas concepções de fim último. É aceitável um fim último. O problema é saber como e com

---

7   Brugger, W., *Dicionário de Filosofia*, 120.
8   Pienda, J. V. D. L.; Guisasola, G. G., Derecho humano a la luz de los conceptos de "ley natural" y "derecho natural" en Santo Tomás, *Logos, Revista de Filosofia*, v. 37, n. 109 (2009) 9-38, aqui 14-15.

que conteúdos. Por seu turno, para Tomás de Aquino o fim último é a *Visão beatífica de Deus*.

Os mesmos autores apresentam outra objeção. Tomás diz que quanto mais livre é um ser, menos sujeito à lei estará. O ser humano é mais livre que os outros animais por possuir o livre arbítrio. Os animais têm uma participação na lei eterna de forma distinta da do homem, dotado de intelectualidade e racionalidade. Sendo que a lei é coisa da razão, a participação do homem na lei eterna deve-se chamar *lei* propriamente. A dificuldade está em admitir que esta lei tenha *a priori* e de maneira inata *conteúdos concretos sobre o bem e o mal*. De outra parte, Tomás defende em outro texto *o bem em geral*, no qual se incluem muitos bens particulares aos quais não se inclina necessariamente a vontade. É ao bem em geral que há no homem uma determinação natural e *a priori*, do mesmo modo que o entendimento tem em relação à verdade e ao ser. Quanto a isso, não há problema. As dificuldades aparecem quando se pretende como natural inclinações concretas em regras e medidas completas. Um exemplo disso é que Tomás se baseia na afirmação de São Paulo de que os gentios agem por instinto natural, o mesmo que descreve a lei mosaica. No entanto, os conteúdos da lei mosaica são bastante concretos, devendo a lei natural dos gentios ter os mesmos conteúdos concretos da lei mosaica. Mas isso seria uma conclusão exagerada[9].

É verdade que Tomás admite a relatividade cultural nas aplicações concretas da lei natural, negando-a somente em relação a seus princípios mais originais e gerais. Dessa maneira, admite a possibilidade de erros na lei natural. Tal erro se deve

---

9   Ibid., 15-16.

à má interpretação da lei eterna. No entanto, surge um novo problema: qual o critério para se detectar o erro, o critério para se determinar que interpretação da lei eterna é correta?[10]

Seguem outras dificuldades. Existem os preceitos primários, absolutamente universais e evidentes por todos com uso da razão. Trata-se dos enunciados da *sindérese*, ou consciência moral, ou seja, dos primeiros preceitos morais da inteligência, enquanto capta os conceitos de bem e de mal. Daí vem o primeiro princípio da moralidade: "há que fazer o bem e evitar o mal", princípio supremo e mais universal da moral. Daí derivam outros princípios práticos que, sendo evidentes, são também da lei natural. A razão ordena fazer o que é bom para a natureza humana e o critério último para saber o que é bom é seu fim último. Bom é o que leva a atingir o fim último e mau o que leva a desviar desse caminho. Tudo isso é aparentemente claro, ainda mais numa sociedade muito pouco plural como a sociedade medieval bastante cristã. Porém, os conceitos de bem e de mal e de fim último não são necessariamente evidentes e muito menos têm conteúdos concretos, havendo uma relatividade cultural. Isso diante da pluralidade de paraísos e utopias escatológicos, que dão sentido ao conjunto da vida de seus seguidores e suas criações culturais. Com relação aos mesmos, cada religião e ideologia estabelece sua visão de lei, sua moral e direito.

A muitas culturas não interessa o que os ocidentais entendem por "natureza", "razão natural", "lei natural, "direito natural". O que conta ao estabelecer normas de conduta é o costume, a tradição dos antepassados, como o caso dos bantos. Há ainda outra questão: agir conforme a reta razão. Po-

---

10   Ibid., 21.

rém, se pergunta: o que é esta reta razão? Trata-se de um conceito elaborado por adultos cuja mentalidade se encontra bastante afetada pela educação, pela socialização, ou inculturação, que o adulto não pode prescindir de sua bagagem cultural. Seu conceito vem dessa bagagem. Não se trata de um conceito neutro, nem universal. Outro preceito da lei natural é: deve-se respeitar a vida, o que aparentemente é evidente, parecendo não deixar dúvida. O conceito de vida, no entanto, não é unívoco e não tem um significado universal. Quando, por exemplo, ocorrem exceções e se permite matar em legítima defesa, ou então por motivos religiosos, como sacrifício de vidas humanas, guerras santas, ou por outras razões como pena de morte, as motivações são muito diversas e a valoração da vida é diferente. Assim, respeitar a vida não tem o mesmo valor em todas as culturas. Daí, tal princípio e os demais anteriores para serem universalizantes devem ser entendidos como esquemas abertos aos diversos conteúdos[11].

Para Tomás de Aquino, bem como para seus comentadores, esses preceitos possuem um valor incondicional absoluto e universal por sua evidência imediata e seu caráter natural. Tomás estabelece um paralelismo usando do seguinte argumento: "Os preceitos da lei natural no homem são na ordem prática o mesmo que os primeiros princípios da demonstração com respeito à razão especulativa. Uns e outros são evidentes em si mesmos"[12]. Os princípios evidentes da razão especulativa são por exemplo: "o todo é maior que a parte", "duas coisas iguais a uma terceira são iguais entre si", "não se pode afirmar e negar ao mesmo tempo a mesma coisa". Não

---

11 Ibid., 22-24.
12 AQUINO, Santo Tomás de, *Suma teológica*, I-II, q. 91, a. 2 c.

se nega essa evidência dos princípios especulativos, o que parece menos seguro é equiparar a evidência dos primeiros princípios da razão especulativa com os da razão prática[13].

Não é difícil entender a facilidade de uma adesão a um princípio de ordem especulativa em comparação com um princípio de ordem prática. Ocorre que o primeiro não exige uma mudança de comportamento, uma mudança ética, basta um assentimento a uma afirmação teórica, como no caso dos primeiros princípios especulativos, sem que isso comprometa um indivíduo. No caso de um princípio prático, ele envolve compromisso. Assim, por exemplo, alguém pode muito bem admitir que a parte é maior que o todo – o que não há como negar por sua evidência, mas também pelo fato de não o afetar eticamente. Já a afirmação, por exemplo, de que o álcool e o tabaco são prejudiciais à saúde poderá ser contestada por quem não estiver disposto a deixá-los. Ainda que um bom comportamento seja um dever de todo cidadão, um professor de física, química ou matemática se sentirá menos comprometido do que um professor de moral e civismo. Também muitos propósitos de bom comportamento podem deixar bastante a desejar, já que demanda empenho e correções no procedimento, tarefa nem sempre fácil de atingir. Essa é a grande dificuldade em equiparar o lado especulativo com o prático.

Há também outros motivos que dificultam essa equiparação: não se tem a mesma evidência na ordem teórica e na ordem prática. Os universais são conceitos abstratos, que podem ser aplicados a muitos e diversos conceitos concretos, esquemas vazios que podem ser preenchidos com materiais di-

---

[13] PIENDA, J. V. D. L.; GUISASOLA, G. G., Derecho humano a la luz de los conceptos de "ley natural" y "derecho natural" en Santo Tomás, 24-25.

ferentes. Na ordem prática existem inclinações, sentimentos, afetos, desejos condicionados pela educação recebida. O juízo prático se constitui de suas próprias leis internas e evidências, não se podendo equipará-las aos dos juízos especulativos. Tomás de Aquino e seus comentadores consideram que a evidência é um ato puro da razão pura, seja especulativa ou prática, da razão em estado inteiramente livre e independente do condicionamento educativo e cultural. Isso, no entanto, não se sustenta, uma vez que a cultura penetra toda pessoa, sendo impossível separar em um adulto o que é a natureza em estado puro e o que é a influência sociocultural. Em nível prático, a evidência também é plural, o que se observa na vida cotidiana: o que para um é evidente, para outro, ao menos, é muito duvidoso, se não incompreensível. Não há uma evidência em nível universal, pois em seu entremeio existe a influência da educação, da cultura, da religião ou da ideologia[14]. Afirma também Malacarne:

> O primeiro princípio da razão prática exerce a sua jurisdição sobre todas as inclinações do homem e, uma vez que é relativo a várias matérias, ramifica-se em preceitos distintos; nessa medida, ele não é tanto uma causa eficiente, mas mais uma causa formal que se diversifica de acordo com as diferentes matérias que ele informa. Em certo sentido, ele não tem conteúdo; sua forma, porém, provê a estrutura dos demais princípios da lei natural. Assim, estes têm em comum um mesmo princípio formal, a saber, a lei natural que se resume no primeiro princípio da razão prática, mas são múltiplos se considerados neles mesmos, materialmente, visto que são igualmente múltiplas as tendên-

---

14 Ibid., 25-26.

cias que a razão deve informar. Assim como o princípio lógico de não-contradição, que subjaz a todo pensamento racional, o primeiro princípio da razão prática expressa a constrição da razão no domínio prático e, uma vez que é subjacente a todo raciocínio, possibilita-o tanto para as pessoas boas quanto para as más, governando também a razão prática de quem comete o mal. Por exemplo, o ladrão considera o roubo um bem a ser perseguido [...][15].

De acordo com Bento Silva Santos[16], sobre o conteúdo do Direito Natural, Tomás de Aquino está em sintonia com aqueles que que adotam um *sistema normativo aberto*. Isso porque não se pode falar em sentido próprio de formulações sistemáticas de conteúdo, mas apenas de aproximações ou indicações programáticas. Segundo o autor, exemplo dessa visão dinâmica pode ser verificado na estrutura tripartida do conteúdo do Direito Natural: 1) Preceitos primários, ou seja, preceitos ou princípios universais, evidentes por si mesmos para todo ser humano com uso da razão, como por exemplo: *O bem deve ser feito e o mal evitado*; 2) Preceitos secundários, ou seja, conclusões próximas ou imediatas que todos os homens deduzem facilmente dos princípios anteriores, como, por exemplo, os preceitos do Decálogo, com exceção do terceiro, por se tratar de mandamento positivo (celebração do dia do Senhor, o sábado, na Antiga Aliança (Ex 20,8-10 ou o domingo, dia da ressurreição de Cristo, na Nova Aliança, para os cristãos); 3) Preceitos de terceiro grau, as conclusões mais remotas dos preceitos anteriores deduzidas por aqueles que possuem conhecimentos e

---

15   MALACARNE, L., *O primeiro preceito da lei natural de Tomás de Aquino*, 30-31.

16   SANTOS, B. S., Direito e Justiça em Santo Tomás de Aquino. Introdução, tradução e notas das Questões 57 e 58 da Summa Theologiae IIa-IIae, in: LUCHI, J. P. (org.), *Linguagem e socialidade*, Vitória, EDUFES, 2005, 3.

uma formação especial, deduções essas como as ilicitudes do divórcio, da poligamia, do duelo, da mentira.

Como se pode verificar, mesmo que Tomás admita conteúdos concretos para as leis, ele é cauteloso. Entende que tais conteúdos não se dão de forma imediata, de modo especial, quando uma conclusão estiver mais distante dos primeiros princípios, tornando-se assim menos conhecida por todos. Poder-se-ia citar o caso do direito à sindicalização, como forma de melhor garantir a justiça, embora esse não seja o único meio para tanto e nem também seja claro para todos. Ao menos à primeira vista, tal ilação poderia não ser tão convincente. No entanto, se a posição de Tomás é ainda universalizante, por outro lado, ele reconhece as dificuldades quanto ao que é distante do fundamental. Com isso, sua posição acena com uma abertura para tantas diversidades, que os tempos atuais apresentam.

Além do mais, se na ordem teórica, as conclusões das premissas possuem garantia de verdade, na ordem prática já é diferente. Explica Tomás:

> [...] pertencem à lei da natureza aquelas coisas às quais o homem se inclina naturalmente, entre as quais é próprio do homem que se incline a agir segundo a razão. Pertence à razão proceder das coisas comuns às próprias, como está claro no livro I da *Física*. A respeito disso diferentemente se comporta a razão especulativa e diferentemente a razão prática. Porque a razão especulativa trata precipuamente das coisas necessárias, as quais é impossível serem de outro modo. Nelas acha-se a verdade, sem nenhuma falha, nas conclusões próprias, como também nos princípios comuns. A razão prática, contudo, trata das coisas contingentes, nas quais se compreendem as operações humanas, e assim, embora exista alguma necessidade nas coisas comuns, quanto

mais se desce às próprias, tanto mais se acha a falha. Dessa maneira, na especulativa é a mesma a verdade em todos tanto nos princípios quanto nas conclusões, embora a verdade nas conclusões não se conheça em todos, mas só nos princípios, que se dizem "concepções comuns". Nas práticas, não é a mesma verdade ou retidão prática em todos quanto às coisas próprias, mas apenas quanto às comuns, e naqueles junto dos quais a retidão nas coisas próprias é a mesma, não é igualmente conhecida em todos[17].

De acordo com Tomás, os primeiros princípios de ordem prática surgem da abstração das inclinações naturais mais primárias, sendo que o "bem é o que todos os seres desejam". Em outras palavras: todo ser deseja o que é bom para sua natureza. As inclinações da natureza são o ponto de partida da razão prática para estabelecer os preceitos da lei natural. Daí surge o preceito básico da lei natural: "Deve-se fazer o bem e evitar o mal". Tomás entende aqui as inclinações em estado puro, ou as perfeitamente separáveis da educação que se recebeu. Para ele, há três níveis de inclinações naturais: em um nível fundamental se encontra o instinto de conservação de todos os seres. Trata-se do instinto de conservação da vida. Assim, todos os preceitos que contribuem para conservar a vida do homem e evitar seus obstáculos pertencem à lei natural. O direito à vida é o direito primário entre os Direitos Humanos. Em segundo lugar, Tomás estabelece a inclinação sexual e a inclinação à procriação. Os animais aqui também se incluem. Faz parte da lei natural. O homem, no entanto, pode e deve regulá-la pela razão. Tais preceitos são a conclusão derivadas de modo imediato e natural dos preceitos pri-

---

17   AQUINO, Santo Tomás de, *Suma teológica*, I-II, q. 94, a. 4.

mários anteriores. O cumprimento de seus preceitos e seus fins são imprescindíveis para o cumprimento e os fins dos preceitos primários. A este nível de preceitos pertencem também os do Decálogo e os *direitos dos povos*. Estes são aplicações concretas dos preceitos primários, cujo conhecimento se encontra ao alcance de todos os humanos. Sobre esse nível de preceito, Tomás já não é tão claro. Fala somente "daquilo que a natureza ensinou a todos os animais", mas não de preceitos. Aqui se trata apenas de leis biológicas, ainda que inclinações naturais a serem reguladas pela razão. Ela as regulará de forma positiva por distintas formas de matrimônio e de regulação da educação dos filhos. Daí se conclui que o homem tem direito a procriar e a criança tem direito à educação. No entanto, se trata de direitos abertos. O modo de exercer o direito da procriação e como concretizar o direito à educação pertence à lei positiva e ao direito positivo, sempre culturalmente relativos. Da parte de Tomás, não fica claro se essas normas e direitos naturais podem ser entendidos em sentido aberto ou fechado, já que indica que se trata de lei natural e direitos naturais fechados em conteúdos muito concretos[18].

Tomás trata também das inclinações de ordem racional: inclinação ao conhecimento da verdade, à vida em sociedade e similares. Aqui pertence à lei natural o que diz respeito a evitar a ignorância, desenvolver o entendimento, evitar as ofensas com os que é preciso conviver. De tais inclinações derivam os direitos humanos, como direito ao conhecimento, direito a ser respeitado e à própria honra. No entanto, o conhecimento de tais preceitos não se encontra ao alcance ime-

---

18 PIENDA, J. V. D. L.; GUISASOLA, G. G., Derecho humano a la luz de los conceptos de "ley natural" y "derecho natural" en Santo Tomás, 26-28.

diato de todos. Somente os sábios e os cientistas conseguem deduzir dos preceitos primários e suas conclusões imediatas. Os restantes somente o conhecem pelo ensino. Tomás exemplifica: existe um preceito primário que manda sermos agradecidos aos nossos benfeitores. Daí segue o preceito secundário que devemos honrar nossos pais. De ambos segue que devemos honrar os maiores de idade, dignidade e governo, como os anciãos e as autoridades. Não é preciso educação para conhecê-los. São princípios extraídos da experiência interna moral, das inclinações originárias ou apetites mais elementares. Trata-se de princípios extraídos da experiência mais primária. No entanto, não o extraem as crianças, já que sua bagagem de experiência é muito limitada. Isso o fazem os adultos, cuja razão está bastante marcada pela experiência e educação recebida. As crianças, em todo caso, fazem tal abstração a partir do uso da razão, em torno dos sete anos de idade. A crítica a essa posição é que esse processo de abstração é puro, isento de todo condicionamento cultural, quando na realidade não é assim[19].

Por outro lado, Tomás trata também da valoração sobre os graus de validade da lei natural. Para tanto, é necessário retornar à comparação entre a razão especulativa e a razão prática, para mostrar que, por vezes, os princípios gerais da razão prática possuem a mesma validade e universalidade dos princípios gerais da razão especulativa, e, por outras, para mostrar as diferenças, que devem ser destacadas. Uma diferença é que a razão especulativa trata de "coisas necessárias, invariáveis no seu modo de ser e por isso suas conclusões, tal como nos princípios universais, possuem a ver-

---

19   Ibid., 28-29.

dade sem defeito". A razão prática, por seu turno, "trata de coisas contingentes, que são o âmbito das coisas humanas". Na razão prática, estabelecidos os preceitos naturais, universais e imutáveis, quanto mais se desce aos casos particulares, maior será o número de exceções e variações. As conclusões particulares da razão, a verdade e a retidão não são a mesma coisa para todos e, mesmo sendo, não são conhecidas por todos. O próprio Tomás admite exceções no princípio que o emprestado deve ser devolvido: se alguém empresta uma arma, não deve devolvê-la para o dono que pretender usá-la para atentar contra outro. O autor também admite que a lei natural não é uma lei *a priori*, mas que se abstrai da experiência e, nesse processo de abstração, a razão pode errar, além do que, em alguns casos, pode sofrer influência da paixão, mau costume ou má disposição natural. Como exemplo, cita Júlio Cesar, que atestava que os germanos admitiam a liceidade do latrocínio. Dessa maneira, a razão natural pode falhar[20].

Tomás de Aquino, dessa maneira, coloca um elemento desestabilizador quanto a sua posição de necessidade e universalidade da lei natural. Se a própria razão natural pode errar, pode-se perguntar qual é o critério para saber quando erra ou não. Se pode errar alguma vez, que segurança se tem que não errará muitas vezes mais? Ou então que segurança poderá haver que não errará, quando estabelece em que consiste a reta razão? Recorrer à Revelação Divina como critério último seria sair do círculo do natural em busca de apoio em um fator externo. E ao exemplo dos germanos poder-se-ia acrescentar outros que nos fornece a Antropologia Cultural.

---

20 Ibid., 29-30.

O caso dos bantos é um exemplo. É o caso do costume, que é algo positivo[21].

Para esses autores, o raciocínio de Tomás em linhas gerais é válido. Como se verifica, a crítica é que a razão natural, fonte da lei natural[22] e do direito natural é vista existindo em estado puro e, como tal, funciona sempre, não se levando em conta a influência sociocultural. Assim, a solução proposta pelos autores é que no nível primário os preceitos naturais apenas poderiam ser defendidos algo como natural e universalmente válido enquanto simples esquemas formais vazios de conteúdos concretos[23].

Não se nega que uma cultura deva ser em princípio respeitada. Pode constituir um acervo de diversidades que simplesmente engrandece. Mas nem tudo é necessariamente bom. Assim, não se pode olhar para uma realidade de maneira puramente acrítica e ingênua. Dessa maneira, porque os condicionamentos socioculturais, ao menos alguns deles, não poderiam ser questionados? O fato de algo ser dessa ou daquela maneira indica *ipso facto* que deva ser mesmo assim? Dessa forma, o latrocínio aceito pelos germanos seria justificável? Porque um determinado comportamento deveria ser blindado de crítica? Desde quando um costume encontra em si mesmo motivo de justificação? Do contrário, costumes se-

---

[21] Ibid., 31.
[22] O termo fonte, usado pelos autores, não parece ser apropriado, pois o intelecto humano não é a medida das coisas, mas é medido por elas. O mais correto seria dizer que o mesmo percebe a lei natural presente na realidade. Escreve Pêcego: "Interessante notar que para Santo Tomás a razão humana era meio para conhecer a lei natural e não a fonte desta mesma lei e, portanto, do Direito Natural [...] (A lei e a justiça na Suma Teológica, 166).
[23] PIENDA, J. V. D. L.; GUISASOLA, G. G., Derecho humano a la luz de los conceptos de "ley natural" y "derecho natural" en Santo Tomás, 35-36.

riam transformados em novos parâmetros, trocando-se simplesmente um critério por outro. De outra parte, é preciso também verificar se uma crítica procede no julgamento dos costumes, que nem sempre ferem a lei natural.

Por fim, admitindo-se que o jusnaturalismo deve ser aceito por conteúdos vagos, conforme propõem os autores Pienda e Guisasola, ele é, dessa forma, capaz de se subtrair à crítica do historicismo ou mesmo das posições sociológicas de que os conteúdos concretos variam historicamente, ou com relação à sociologia de que são diferentes nos diversos grupos sociais. Nesse caso, é oportuna a afirmação que "o direito natural formal é imutável e perpétuo. O direito natural material, porém, apresenta-se com possibilidades de variação"[24].

Sobre o problema das generalidades da lei natural frente às situações concretas, afirma também a Comissão Teológica Internacional:

> É impossível permanecer no nível de generalidade, que é aquele dos princípios primeiros da lei natural. A reflexão moral, com efeito, tem necessidade de descer ao concreto da ação para aí lançar sua luz. Mas quanto mais ela enfrenta situações concretas e contingentes, tanto mais suas conclusões são afetadas por uma nota de variabilidade e de incerteza. Não é surpreendente, pois, que a aplicação concreta dos preceitos da lei natural possa tomar formas diferentes nas diversas culturas ou mesmo em épocas diferentes dentro de uma mesma cultura. Basta invocar a evolução da reflexão moral sobre as questões como a escravatura, empréstimo a juros, duelo ou pena de morte. Às vezes, essa evolução con-

---

24 PAUPÉRIO, A. M., É válido ainda o direito natural? Ascensão, decadência e renascimento do direito natural, *Revista Brasileira de Filosofia*, v. 30, n. 117 (1980) 43-60, aqui 47.

duz a uma compreensão melhor da interpelação moral. E, também, a evolução da situação política ou econômica traz uma reavaliação das normas particulares que foram estabelecidas anteriormente. De fato, a moral se ocupa de realidades contingentes que evoluem no tempo[25].

A posição acima segue o pensamento de Tomás de Aquino aplicado aos tempos atuais, sendo que cada período histórico se apresenta com suas características próprias, trazendo consigo problemas específicos e modos de pensar e agir diferentes de outras épocas. Não é de estranhar que, muitas vezes, o comportamento de um período tem o seu oposto num período posterior.

3.2. O jusnaturalismo e sua exclusão

Se, de um lado, autores jusnaturalistas reconhecem os limites dessa posição, há os que a excluem, como é o caso dos juspositivistas, que se declaram monistas. Um grande representante desse pensamento é Hans Kelsen, cujas posições serão analisadas. A escolha desse autor se explica, porque ele traduz bem as características desse pensamento, com suas considerações críticas à posição jusnaturalista. Segundo ele, o jusnaturalismo considera que

> A natureza – a natureza em geral ou a natureza do homem em particular – funciona como autoridade normativa, isto é, como autoridade legiferante. Quem observa os seus preceitos, atua justamente. Estes preceitos, isto é, as normas de conduta justa, são imanentes à natureza. Por isso, elas podem ser deduzidas da natureza através de uma cuidadosa

---

25 COMISSÃO TEOLÓGICA INTERNACIONAL, *Em busca de uma ética universal*, 58-59.

análise, ou seja, podem ser encontradas ou, por assim dizer, descobertas na natureza – o que significa que podem ser conhecidas. Não são, portanto, normas que – como normas do direito positivo – sejam postas por atos da vontade humana, arbitrárias e, portanto, mutáveis, mas normas que já nos são dadas na natureza anteriormente a toda a sua possível fixação por atos da vontade humana, normas por sua própria essência invariáveis e imutáveis[26].

Antes de analisar a posição de Kelsen, ao menos de acordo com certos autores, tal posição não atinge o jusnaturalismo de Tomás de Aquino. Segundo eles,

> [...] Kelsen não apresenta referência alguma a Santo Tomás de Aquino. Referências a Tomás de Aquino aparecem, é certo, em outros textos sobre o jusnaturalismo e a questão da justiça [...], mas elas são sempre, no contexto do pensamento kelseniano, referências isoladas e desprovidas de profundidade [...] o verdadeiro objeto das críticas de Kelsen é a concepção moderna de Direito Natural[27].

Mesmo que se exclua Tomás de Aquino das considerações do autor, essas merecem um exame, pois mesmo assim acabariam por atingir Tomás de forma indireta. Convém considerar também alguns pressupostos da crítica à lei natural como base do direito. Segundo Malacarne[28], dois autores oferecem base à tal crítica: David Hume e G. E. Moore,

---

26 KELSEN, H., *A justiça e o direito natural*, Coimbra, Arménio Amado Editor, 1979, 94.
27 OLIVEIRA, J. A. de; LESSA, B. A. F., Por que as objeções de Hans Kelsen ao jusnaturalismo não valem contra a teoria do Direito Natural de Tomás de Aquino?, *Revista de Informação Legislativa*, Brasília, v. 47, n. 186 (2010) 117-128, aqui 117-118.
28 MALACARNE, L., *O primeiro preceito da lei natural de Tomás de Aquino*, 15.

mesmo com certas diferenças entre si. Não se tem em vista um exame detalhado de cada autor, que respectivamente são representantes do empirismo e do positivismo. Basta uma visão dessas correntes em sua gnosiologia para se compreender o motivo da crítica ao jusnaturalismo feita, no caso, por Kelsen. Antes, porém, deve-se considerar o que diz Thonnard sobre as bases remotas de tais correntes: "Na sua teoria da ciência, os estoicos são *os precursores dos nossos modernos positivistas*. Uns e outros substituem o estudo das essências pelo dos fatos e de suas relações concretas, trabalho próprio do conhecimento sensível"[29].

O empirismo é um nome genérico das doutrinas filosóficas que negam os axiomas como princípios de conhecimento distintos da experiência. Em sentido psicológico opõe-se ao racionalismo inatista, que admite a existência de princípios de conhecimento evidentes. Em termos gnosiológicos, não admite que o espírito tenha leis próprias diferentes das coisas conhecidas, baseando o conhecimento verdadeiro na experiência[30].

A diretriz filosófica, ou seja, a experiência como critério da verdade geralmente se caracteriza pelos traços seguintes: 1) nega o caráter absoluto da verdade, ou então, enquanto acessível ao homem; 2) considera que toda verdade pode e deve ser posta à prova, podendo ser modificada, corrigida ou abandonada. O empirismo não se opõe à razão ou a nega, mas não que ela chegue a verdades necessárias. Sexto Empírico foi quem estabeleceu esses traços, reconhecendo neles o parentesco com o ceticismo. Tais traços são suas característi-

---

29   THONNARD, F. J., *Compêndio de história da filosofia*, v. 1, 140.
30   LALANDE, A., *Vocabulário técnico e crítico da Filosofia*, 300.

cas fundamentais da doutrina empírica, mesmo com suas determinações peculiares.

A esse segundo traço e na base dele acrescentaram-se outros como: 1) a negação de todo conhecimento ou princípio *inato* e que deva ser reconhecido como válido necessariamente, fora de qualquer atestação, o que foi estabelecido por Locke; 2) a negação do suprassensível, que não se permite atestar e controlar. Para tal atestação e controle, os melhores e mais diretos instrumentos são os órgãos dos sentidos; 3) o enfoque da importância da realidade atual ou imediatamente presente aos órgãos de atestação e controle, isto é, do fato. O empirismo sublinha, dessa maneira, a importância dos fatos, dos dados, das condições que possibilitam a verificação de uma verdade; 4) o reconhecimento do caráter humano limitado, parcial ou imperfeito dos instrumentos do homem de atestação e controle da verdade. O empirismo rejeita na filosofia e em toda pesquisa legítima os problemas relativos às coisas não acessíveis aos instrumentos de que o homem dispõe. Assim o entendia Hume em seu empirismo. Disso se entende a polêmica do empirismo moderno contra a metafísica, campo de tais problemas. Porém, no próprio campo das realidades sensíveis, o empirismo vê limites, como, por exemplo, o caso da "substância", de que fala Locke, e da "coisa em si" de certos empiristas e de Kant. No entanto, não renunciam o uso de instrumentos racionais ou lógicos, desde que adequados às possibilidades humanas, nem renunciam a qualquer tipo de generalização, hipótese ou teorização em qualquer escala ou grau, desde que possam ser postas à prova e assim confirmadas ou reprovadas. Nos antigos encontra-se a característica 2. Ou seja, o sensismo, partilhado pelos cirenaicos, estoicos e epicuristas. Na Idade Média, a tendência empirista se encontra na negação frequente do universal, implicando um apelo à experiência, sendo seu maior representante Guilherme de Ockham[31].

O positivismo, por sua vez, possui traços comuns com o empirismo. Poder-se-ia afirmar que se trata de um neoempirismo. Segundo Abbagnano[32], o termo foi empregado pela primeira vez por Saint-Simon para designar o método exato das ciências bem como sua aplicação à filosofia. Foi adotado por Augusto Comte para sua filosofia e por ele passou a designar uma corrente filosófica que, na segunda metade do século XIX, teve muitas e variadas manifestações nos países do mundo ocidental. Caracteriza-se o positivismo pelo romantismo da ciência, sendo esta o único guia da vida individual e social do homem, o único conhecimento, a única moral, a única religião possível. Na sua exaltação à ciência, acompanha e estimula o nascimento e a afirmação da organização técnico-industrial da sociedade moderna. É possível distinguir duas formas históricas fundamentais do positivismo: o positivismo social de Saint-Simon, Comte e Stuart Mill, como exigência de colocar a ciência como fundamento de uma nova organização social e religiosa unitária, e o positivismo evolucionístico de Spencer, que estende o conceito de progresso ao universo e procura aplicá-lo em todos os ramos da ciência.

As teses do positivismo são: 1) a ciência é o único conhecimento possível e seu método é o único válido. Dessa maneira, o recurso a causas ou princípios não acessíveis ao método da ciência não permite o conhecimento. A metafísica,

---

31 Abbagnano, 1987, 308-310.
32 Abbagnano, 1987, 746.

nesse sentido, não tem nenhum valor; 2) o método da ciência é puramente descritivo, por descrever os fatos e mostrar a relação constante expressa pela lei e permite a previsão de tais fatos (Comte); ou no sentido que revela a gênese evolutiva dos fatos mais simples aos mais complexos (Spencer) e 3) o método da ciência, sendo o único válido, deve se estender a todos os campos da indagação e da atividade humana, bem como a vida humana inteira, individual e social, deve ser guiada por ele. O positivismo jurídico, por sua vez, tem em Kelsen seu grande representante, tendo assim chamado sua doutrina jurídica.

O positivismo exige que toda ciência, além de partir dos fatos tomados em sentido de objetos perceptíveis, deve também comprová-los e uni-los por leis. Seu principal representante, considera que todas as ciências devem passar por três fases de evolução: a teológica, que explica os acontecimentos pelos deuses ou Deus; a metafísica, que trabalha com conceitos essenciais universais e forças da natureza; e, por fim, a positiva, que descreve os fatos e sua legitimidade (lei dos três estados). A filosofia é apenas a reunião das ciências positivas. De acordo com o neopositivismo (positivismo lógico), somente possui sentido o que se comprova pela experiência. Daí os assertos metafísicos não têm sentido. O mesmo serve para os valores e normas e apreciações são expressão dos sentimentos[33].

Embora de modo específico se reporte a Comte, segundo Lalande[34], a designação de positivismo se estende às doutrinas que se ligam a Comte ou que se lhe assemelham, mesmo que, por vezes, de modo longínquo, considere que é fecundo

---

33 BRUGGER, W., *Dicionário de Filosofia*, 323.
34 LALANDE, A., *Vocabulário técnico e crítico da Filosofia*, 825.

somente o conhecimento dos fatos e que o modelo da certeza está nas ciências experimentais. Assim se pode evitar o verbalismo tanto na filosofia quanto na ciência, atendo-se incessantemente ao contato com a experiência, renunciando a todo *a priori* e finalmente que o domínio das "coisas em si" não é acessível, já que o pensamento apenas atinge relações e leis. Tais são, por exemplo, as doutrinas de J. S. Mill, É. Littré, H. Spencer, E. Renan e mesmo de H. Taine.

O que se pode dizer dessas duas correntes, que, apesar de suas peculiaridades, possuem seus pontos em comum? O que se pode afirmar é que, de fato, o conhecimento tem início na experiência, partindo-se dela. A propósito, segundo o princípio de Aristóteles, "nada está no intelecto que não tenha passado pelos sentidos", mas no mesmo princípio diz também o autor "que está no intelecto". Tanto o empirismo, como o positivismo não ultrapassam a experiência. O ser humano pensa por ideias construídas a partir do sensível, detectando nele elementos universais. Isso acontece mesmo no âmbito do sensível, da experiência. Exemplo disso é quando se estabelece a fórmula química de uma determinada substância, que sempre é a mesma naquela substância em qualquer lugar onde ela se encontre. Além do mais, não existe somente um método: o indutivo. Em toda ciência existe o método indutivo-dedutivo. Em algumas prevalece mais um que o outro, mas os dois coexistem. Examina-se algo e depois se chega a uma conclusão.

Quanto à "coisa em si" é verdade que nenhum conhecimento esgota o seu objeto, mas não significa que não se possa ter dele nenhum conhecimento. As leis gerais perpassam as coisas e é de tais leis que se ocupam as ciências. A ciência, por exemplo, ao tratar da lei da gravidade, enquanto tal, não a trata em um determinado corpo, mas em todos os corpos regidos por ela. Quanto ao método do conhecimento, embora este tenha início na experiência, partindo assim da indução, ele se alça a níveis mais elevados. Um exemplo disso pode ser tomado do princípio de causa e efeito. Tal princípio está presente nas mais variadas disciplinas. Nelas se percebe que existem efeitos e que estes supõem uma causa, ainda que, de imediato, não se saiba qual seja essa causa, sabendo-se, no entanto, que existe uma causa. Assim, por exemplo, um médico procura a causa de uma doença, um químico ou físico a causa de um fenômeno. Daí se conclui por um princípio geral que todo efeito possui uma causa, princípio esse aplicado aos mais diferentes campos do saber, e que, enquanto princípio geral, faz parte da filosofia, especificamente da metafísica.

Não é difícil entender como partindo de baixo para cima ocorre uma ascensão de uma ideia para uma altura cada vez maior. Eis o exemplo: na comparação de dois indivíduos, no caso, homem e mulher, extrai-se o conceito de "ser humano". De tal conceito comparado com o de um "animal irracional", um cachorro, por exemplo, conclui-se pela ideia de "animal", o que é comum a ambos. Desse mesmo conceito, confrontado com a ideia de uma planta, surge a ideia de "ser vivo". Da ideia de "ser vivo", em sua comparação com um mineral, no caso, uma pedra, surge a ideia de "ser concreto" e, assim por diante. Note-se que o processo impele para um conceito cada vez mais transcendente e, assim, mais amplo e abrangente, mais comum e mais simples. O conceito de "ser concreto", por sua vez, atravessa todos os seres colocados aqui em comparação, pois todos eles são um "ser concreto". O caminho inverso também poderá ser feito, descendo do mais genérico ao mais específico. Note-se que o processo força a sair do estreito nível da imanência, no caso, o da experiência, pretendida pelos empiristas. O campo da experiência é incluído, mas também ultrapassado no percurso. A indução, com seu importante significado no empirismo, não restringe, mas permite o avanço da compreensão de algo em degraus mais altos.

Sobre essa visão restrita ao âmbito experiência diz Brugger:

> Empirismo, ou *filosofia da experiência*, é a corrente filosófica que considera a experiência como fonte única do conhecimento. [...] O empirismo propõe-se, de modo especial, explicar os conceitos e juízos universais mediante a pura experiência. Sem dúvida, "todo nosso conhecimento começa com a experiência" e por ela é, de qualquer maneira, condicionado. Mas não se pode admitir que nossos conhecimentos se restrinjam ao domínio da mera experiência[35].

Como conclusão e ponto de partida para as análises das posições de Kelsen, considera-se aqui que do âmago das coisas é possível extrair princípios, obviamente implícitos nelas e pelas quais elas são norteadas, o que se impede de fazer injustiças por meio do arbitrário. Exemplos concretos dessa posição serão oferecidos ao longo dessas linhas como comprovação.

Antes de dar início às análises do que propõe Kelsen, convém relacionar o positivismo filosófico com o positivismo jurídico, aqui representado pelo autor. O positivismo jurídico, já descrito anteriormente, indica pelo termo "positivo" que a lei é estabelecida, posta em determinado tempo pela sociedade, por meio dos que elaboram as leis. Nesse sentido, não parece haver influência do positivismo filosófico sobre o jurí-

---

35 BRUGGER, W., *Dicionário de Filosofia*, 149.

dico. Ao contrário, o positivismo filosófico sugere dar apoio ao jusnaturalismo, uma vez que se baseia na experiência, na natureza das coisas, o que é próprio do jusnaturalismo. No entanto, para este último, isso é apenas o ponto de partida. Se, por outro lado, o positivismo filosófico não autoriza ir mais além, fechando-se na experiência, torna-se difícil apresentar uma razão mais profunda, fundamental para o embasamento da lei, considerando-se que no positivismo jurídico tem primazia não a razão, posição do jusnaturalismo, mas a autoridade. Contudo, se a autoridade é válida, ela não pode prescindir da razão, sob pena do arbítrio. Com a posição rasante de restringir-se aos limites da experiência, o positivismo filosófico oferece passagem livre ao positivismo jurídico, tornando-se seu cúmplice.

Tomando agora a palavra, após indicar o conceito de jusnaturalismo, Kelsen passa à crítica dessa posição. A seu ver, por natureza deve-se entender um conjunto de fatos ligados entre si, segundo princípio de causalidade. Essa natureza é um ser e deste ser não se deve concluir por um dever-ser, ou seja, de um fato não se extrai uma norma. No ser não se encontra imanente nenhum dever-ser, nos fatos não estão imanentes quaisquer normas. Para o autor, deve-se confrontar o ser com um dever-ser, os fatos com as normas, avaliar os fatos por estas, julgá-los conforme às normas. Somente desta maneira é possível valorar a realidade como valiosa ou não[36]. Em sua obra *O que é a justiça*, o autor já diz:

> Sem a pressuposição de uma norma geral prescrevendo (ou proibindo) algo, não podemos fazer um juízo de valor no sentido objetivo desse termo. O valor atribuído a um objeto

---

36 Kelsen, H., *A justiça e o direito natural*, 95.

> não é dado com as propriedades desse objeto sem referência a uma norma pressuposta. [...] Não podemos encontrar o valor de uma coisa real ou de uma conduta efetiva analisando esses objetos. O valor não é imanente à realidade natural. Portanto, o valor não pode ser deduzido da realidade. Não se conclui, do fato que uma coisa é, que ela deve ser feita, ou que não deva ser ou não deva ser feita[37].

Essa afirmação entende que o valor é medido por um critério, que é medida externa. É verdade que o valor de algo depende de uma norma que o mede. Mas de onde vem a norma? Ela é simplesmente convencional, aleatória? Não possui nenhuma relação com a realidade de onde se extrai o valor? Ocorre que as coisas possuem uma finalidade, uma serventia, desde um elemento mais simples ao mais complexo. Se isso não foi descoberto em todas as coisas, não significa que não exista. Uma utilidade ou até várias são específicas de cada realidade, que servem à natureza e aos homens, segundo a necessidade de cada um. A norma se funda nisso. Assim, o critério de valoração se funda na serventia.

As coisas, além do mais, não têm somente valor, mas também normas que as regem. A realidade traz consigo essas normas, sendo depois descobertas. Somente para as realidades subsequentes é que as normas lhes serão critérios de mensuração. Por exemplo: em primeiro lugar, verifico que o fogo, de acordo com uma determinada temperatura, derrete metais. Se precisar derreter metais, vou ter que usar essa temperatura que verifiquei, que é uma medida. Ela passa a ser padrão. Mas eu não a criei aleatoriamente de fora; ela emergiu

---

37 KELSEN, H., *O que é a justiça? A justiça, o Direito e a Política no espelho da ciência*, São Paulo, Martins Fontes, 2001, 140.

da realidade da coisa em si. Mesmo que um critério seja convencional, ele pode ter uma conexão com a realidade. Serve aqui um exemplo: um metro tem cem centímetros e tudo que tiver um metro, terá essa medida. Se um metro mudar para cinquenta centímetros, algo que media um metro passará a medir dois, ou seja, haverá uma correlação, seja qual for a medida padrão adotada. A medida, por seu turno, se embasa nas dimensões da realidade.

Poder-se-ia objetar que o exemplo acima se restringe ao mundo físico, não sendo possível fazer a passagem para a realidade humana, que é diferente do fenômeno físico. Um outro exemplo, no entanto, mostra que essa passagem é possível, porque se inscreve na realidade humana. Entra aqui o fenômeno biológico. Pergunta-se: quantas horas de trabalho por dia um ser humano suporta em média? Haverá um limite suportável. Não se trata aqui de um trabalho por um breve tempo, mas de uma jornada de trabalho adotada por um país. A ciência irá dizer quanto tempo biologicamente alguém poderá trabalhar. Acima disso, alguém poderá ter a sua saúde arruinada ou até morrer de exaustão. A lei, portanto, estabelecerá a jornada de trabalho, respeitando o elemento biológico que, por sua vez, indica a medida. Esse elemento biológico foi descoberto pela observação e passará a ser critério de lei. A questão é ainda mais ampla: não se trata apenas de horas, mas também das condições de trabalho, que implicam na saúde do trabalhador. Há ainda o caso da aposentadoria da mulher com menos tempo de serviço, a idade para o ingresso no trabalho, o problema do trabalho infantil, considerando-se que não se pode tratar igualmente os desiguais e assim por diante. Tudo isso revela que o critério não pode ser aleatório, mas com base na natureza das coisas. A norma, portanto, emerge daí, ao contrário do que afirma Kelsen.

A doutrina da lei natural parte fundamentalmente de dentro da realidade para fora[38]. A doutrina de Kelsen, contudo, pretende o contrário. Convém oportunamente esclarecer que o ser, que deve passar para o dever-ser, traz dentro de si a lei natural. Um corpo que cai traz dentro de si a lei da gravidade e por ela se rege. Assim, mais do que falar do ser, deve-se falar da lei natural inscrita no ser. Tal lei ressoa na ordem moral. De outra parte, diante da demonstração acima, não se vê motivo para a seguinte afirmação do autor:

> Para justificar os juízos de valor subjetivos que emergem do elemento emocional de sua consciência, o homem tenta apresentá-los como princípios objetivos transferindo para eles a dignidade da verdade, torná-los pressuposições da mesma ordem que os enunciados sobre a realidade. Portanto, pretende deduzi-los da realidade, o que implica ser o valor imante à realidade[39].

Porque falar de juízos de valor subjetivos? Não ficou esclarecido que foi em base de elementos objetivamente encontrados na realidade que se estabeleceu uma norma? Tratou-se de uma tentativa de transferir para a natureza algo

---

38 Escreve Malacarne: "[...] Tomás acredita que há um legislador divino e que a lei natural encarna a lei eterna, a qual depende da mente de Deus. No entanto, para ele, a lei natural, em sua essência, não envolve a vontade de um legislador. A lei natural contém regras, ordens e exigências para guiar a ação; mas não consiste essencialmente em ordens que sejam a expressão da vontade de um legislador; ela decorre da ação orientada para um fim, que é característica dos seres humanos" (*O primeiro preceito da lei natural de Tomás de Aquino*, 33). Se um legislador estabelecer uma lei, basta que se enraíze na lei natural ou que não esteja em desacordo com ela.

39 KELSEN, H., *O que é a justiça?*, 161.

subjetivo? Ou foi exatamente o contrário? Se o critério for subjetivo e aleatório, qual é o problema de se estabelecer uma jornada laboral de quinze, vinte ou mais horas, como algo indiferente?

Com relação ao valor, ele só é atribuído quando se trata de valor agregado, mas não faz parte intrínseca da realidade. Dessa maneira, um relógio comum poderá ter seu valor enquanto relógio. Se, no entanto, pertenceu a alguém famoso, poderá valer mais, mas apenas enquanto relógio não se lhe acrescenta nada. Trata-se de um valor circunstancial. O valor também é algo objetivo, repousa no objeto. Assim, segundo o pensamento tomista, o valor repousa no ser. O valor é o ser enquanto bom, ou seja, cumprindo sua função de utilidade. Por exemplo: dois carros novos tem o mesmo valor, mas de um deles foi roubado um pneu. Passará a custar menos por não estar completo. Menos ser, menos valor, considerando-se também a qualidade como integrante do valor de algo: menos qualidade, menos valor. No caso, trata-se de valor no sentido metafísico, não moral.

Uma explicação de que o valor repousa no ser é a seguinte: as coisas possuem uma estrutura interna de acordo com a sua natureza e agem de acordo com aquilo que são, sendo que o agir segue o ser. Se o ser, por sua vez, com suas potencialidades, atinge uma meta, cumpre uma função que lhe é própria, que é sua finalidade, que pode se dar de forma consciente ou não. Uma semente pode se tornar uma planta com seus frutos, atingindo assim a sua meta. Seu valor está em atingir a sua finalidade própria, que também pode se prestar a outras finalidades a serviço do ser humano. Assim, uma árvore poderá oferecer matéria para a construção de uma casa e seus móveis, além de outros objetos de madeira. Explica Malacarne:

Assim, uma natureza humana é composta de um conjunto de propriedades disposicionais metafisicamente direcionadas ao desenvolvimento. O valor enquanto fim não é simplesmente adicionado à essência, mas a realização do processo disposicional. O fim está para a disposição assim como o ato está para a potência, ou ainda, o conceito de fim está contido no conceito de disposição: é isso o que Tomás quer dizer quando escreve "*bonum habet rationem finis*". Se esse fim é o que aperfeiçoa a essência e se a perfeição é o que é, dito bem-estar ou *eudaimonia*, então o que não leva ao bem-estar impede o desenvolvimento das disposições naturais. O valor não é derivado do fato, mas podemos dizer que ele se encontra dentro do fato, assim como a atualização está dentro da potência[40].

Dessa maneira, não se trata de uma arbitrariedade ou simplesmente subjetividade, como bem o esclarece Malacarne:

> Esses fins não são arbitrários, mas determinados pelas propriedades disposicionais ou inclinações constitutivas da natureza humana, sendo, portanto, bens objetivos e desejáveis neles mesmos. Desse modo, a metafísica da finalidade determina o conjunto de fins objetivos centrais à perfeição ou completude humana, que é o que Aristóteles e Tomás chamam de *eudaimonia* e *beatitudo*, respectivamente. A teoria da lei natural de Tomás, portanto, é fundamentalmente dependente da natureza humana. Ora, a natureza humana possui a racionalidade como uma propriedade essencial, logo, essa disposição racional deve ser usada de acordo com sua função. Como sabemos, ela possui duas funções: especulativa e prática; por conseguinte, a função da razão é agir

---

[40] MALACARNE, L., *O primeiro preceito da lei natural de Tomás de Aquino*, 41.

racionalmente nas duas esferas, especulativa e prática. A razão prática busca os bens que levam ao bem-estar humano e fazer o oposto seria agir irracionalmente e, portanto, seria o oposto ao que é ser um ser humano. Por isso, os fins que constituem a essência humana, determinados pela razão especulativa e buscados pela razão prática, estabelecem as ações obrigatórias para o ser humano[41].

Como se observa, Kelsen inverte a ordem. Questiona o valor como pertinente à realidade. Depois, segue relacionando norma com fato. É a norma que julga o fato, não o contrário. Admite-se que a norma julgue o fato, ou seja, uma lei julga um fato se ele é delituoso ou não. Novamente pode-se colocar a pergunta: onde se funda a norma para ser critério de avaliação, de julgamento? Ou então: em primeiro lugar, algo é ruim porque a lei proíbe ou a lei proíbe porque algo é ruim? Kelsen afirma que de um ser não se deve concluir por um dever-ser, especificamente porque no "ser" não se encontra imanente nenhum "dever-ser". Diz o autor:

> Qual é, então, o método para provar que, relativamente a uma ordem jurídica dada, o roubo é ilícito, ao passo que o pagamento de dívidas é lícito? Prova-se demonstrando que existe uma regra geral que proíbe o roubo e outra regra que determina o pagamento das dívidas[42].

Dificilmente se poderá dizer que tal regra conta pouco como critério moral de julgamento. Ninguém em bom juízo irá recusá-la. E não traz consigo um fundamento natural? Por que então ela é aceita nos mais diferentes povos? Entre outros

---

41 Ibid., 41-42.
42 KELSEN, H., *O que é a justiça?*, 204.

argumentos, não se poderia dizer que o furto fere a pessoa, porque a propriedade adquirida com o suor do trabalho corresponde às energias gastas por uma pessoa, energias que fazem parte dela, que foram consumidas durante boa parte do tempo? E que também essas energias devem ser compensadas com o fruto do trabalho, que permitirá que o trabalhador se refaça, além de garantir a sua sobrevivência e viver com dignidade? Não é sem razão que quem adquiriu seus bens com sacrifício tende a valorizar mais o que conquistou. O roubo é um roubo dos anos de vida gastos para adquirir determinados bens, uma subtração de parte da vida de alguém, atingindo a própria pessoa. O ladrão é um parasita do indivíduo, no caso particular, bem como da sociedade, quando uma nação é roubada. Obviamente aqui se está falando de uma aquisição por um trabalho honesto e não por um enriquecimento ilícito ou por um acúmulo de bens pelo ganho fácil. Com relação ao dever de pagar as dívidas, este vai exatamente evitar o roubo, que seria o não pagamento. Se tal regra não tivesse um fundamento, uma razão consistente, porque ela seria tão forte entre os seres humanos, mesmo que tenha havido no passado o caso dos germânicos admitindo o latrocínio? A razão de uma norma como essa, descrita pelo autor, não precisa ser explícita, mas poderá sê-lo se for exigida.

Tale apresenta uma crítica ao perecer de Kelsen, dizendo: "não é verdade que no discurso naturalista se passe necessariamente das premissas "do ser (proposições descritivas ou enunciativas) a conclusões do "dever-ser" (proposições prescritivas ou normativas)"[43]. O autor parece ser indulgente e mesmo

---

[43] TALE, C., Exposición y refutación de los argumentos de Hans Kelsen contra la doctrina del derecho natural, *Revista Telemática de Filosofia del Derecho*, n. 9 (2005-2006) 95-128, aqui 105.

concessivo à crítica de Kelsen. No entanto, se autores jusnaturalistas não fizeram essa passagem, pode-se perguntar: por que do ser não se pode concluir um dever-ser? A crítica de Kelsen é mais por afirmações do que por provas. Ao contrário, pode-se afirmar que o ser tem sim os seus desdobramentos. Um ser tem em si condição de possibilidade para se tirar disso conclusões. Embora de domínios distintos, um implica no outro. Eis a demonstração: sendo o ser humano um ser dotado de inteligência e racionalidade, ele é livre e responsável por seus atos e, desse modo, está sujeito à moralidade e à justiça, obviamente em uso normal de suas faculdades. Já o ser irracional não, justamente por isso. Também é sujeito educável. A condição de possibilidade para tanto é a sua racionalidade. Caso contrário, não teria sentido o princípio sinderético: "Deve-se fazer o bem e evitar o mal". Tal princípio normativo repousa no princípio da razão e liberdade humana. Mais: quanto maior o grau de sua racionalidade, maior a sua responsabilidade. Outro exemplo: um produto no mercado que contenha uma substância perigosa à saúde, será passível de proibição. Como então negar que um elemento da natureza ou natureza humana não repercuta numa norma? Mais análises críticas da posição de Kelsen serão apresentadas adiante. O autor continua com sua crítica ao jusnaturalismo, apresentando mais elementos, que merecem ser aqui tratados.

Kelsen lembra também que há um fundamento metafísico-religioso. Valor e realidade estão essencialmente ligados entre si, de modo especial na concepção que o valor é imanente à realidade, ideia antiquíssima e bastante espalhada. Segundo a mesma, que vem de uma concepção metafísico-religiosa, a natureza foi criada por uma autoridade transcendente, como valor moral absoluto. A natureza está sujeita a essas leis, que são ordens da autoridade transcendente e, portanto, normas, visão que se encontra na base da teologia cristã. Sendo a natureza criada ou regida por um Deus justo, então as normas podem ser reconhecidas nas leis desta natureza. Nesta natureza pode ser encontrado o direito justo e dela se deduz tal direito. O próprio Cícero, de acordo com a filosofia estoica, ensinou que o direito diferentemente do direito positivo de Roma ou Atenas, é eterno e imutável, sendo Deus o seu autor, promulgador e juiz. E Tomás de Aquino, por sua vez, afirma que o mundo é regido pela razão divina. Essa regência divina é a lei eterna, e as criaturas de Deus que possuem razão participam da razão divina e, portanto, da lei eterna. Tal participação é chamada lei natural, enquanto que o direito que se deduz das tendências naturais colocadas no homem por Deus é o direito natural, sendo este de origem divina. Por outro lado, houve também outra vertente na doutrina jusnaturalista, validando o direito natural independente da vontade de Deus, teoria de Grócio, admitindo o direito natural mesmo não havendo Deus, ainda que considerasse isso o mais grave pecado, já que era um cristão[44].

É verdade que Tomás de Aquino afirma que a lei natural é uma participação da lei eterna na criatura racional. Apenas nesse sentido se pode falar de uma visão teológica da lei natural. Mas não é necessário remontar à sua origem. Basta constatar a sua existência. Nisso podem estar de acordo tanto crentes como não-crentes. Um cientista admitirá, mesmo como não-crente, a existência de leis presentes na natureza. A única diferença é que quem tem uma visão teológica e, sobretudo, com base na revelação divina irá se reportar a Deus,

---

44 KELSEN, H., *A justiça e o direito natural*, 96-101.

como criador do mundo com suas leis. O que está em questão é que elas existem, que emergem da natureza, regulam e regem os fenômenos físicos e biológicos, onde se inscreve também a existência humana, com a diferença de que no homem, por causa de sua razão, tais leis não o determinam, embora o afetem. Kelsen entende que a lei natural necessita de um fundamento na ordem divina, mas ao mesmo tempo, cita Grócio, que dispensa essa mesma ordem, não sendo necessário reportar-se a esse fundamento último.

Há quem considere que se uma filosofia não se reporta aos fundamentos últimos transcendentes, não pode ser considerada uma verdadeira filosofia. Assim, por exemplo, entende Pizzorni quanto à necessidade de retroagir à causa última, que é Deus, e à lei eterna que nele se encontra. Diz o autor:

> Cômpito da filosofia e daí também da filosofia do direito é aquele de remontar às causas últimas das coisas, causas últimas que, no nosso campo, nos conduzirão à causa primeira, ao fundamento último inabalável sobre o qual se deve necessariamente fundar o direito. Essa questão, talvez a mais grave é a menos tratada pelos filósofos do direito que aderem às escolas do positivismo, do historicismo, do racionalismo e do materialismo. [...] Nossa inteligência não poderá jamais permanecer fechada em nenhum sistema filosófico ou jurídico, em nenhuma forma de imanência panteística; e por sua própria exigência, e pela lógica coerência aos seus princípios, devera elevar-se à mais real e necessária transcendência de Deus. Este é o fundamento necessário e indiscutível de toda ética e de todo direito[45].

---

45 Pizzorni, P. R. M., La "lex eterna" come fondamento ultimo del diritto secondo S. Tommaso, *Aquinas*, n. 1 (1961) 57-109, aqui 57.

É importante fundar uma filosofia ou filosofia do direito sempre no mais remoto princípio, mas nem todos estão de acordo que este princípio deva ser Deus. No entanto, mesmo não se reportando a Deus, existe a aceitação da lei natural dos que também prescindem de uma visão religiosa, tornando possível um diálogo mais amplo a respeito da lei natural.

Prossegue Kelsen, tratando dessa lei agora na natureza humana. Há segundo ele, a tentativa de fundamentar a lei natural na natureza do homem. Tal natureza é procurada em suas tendências, nas inclinações e instintos, isto é, nas suas pulsões, na sua razão ou sentimentos. Trata-se aqui de uma natureza psíquica e não física[46]. Entretanto, é necessário levar em conta as circunstâncias externas em que a natureza íntima do homem se manifesta, sobre as quais o homem, por sua natureza, reage com um comportamento externo. Isso o autor também critica, reafirmando que do ser não pode derivar um dever-ser[47]. O autor ilustra essa posição com a seguinte afirmação:

> Há impulsos dirigidos à conduta do homem em face de outrem que – como o instinto de autoconservação – são de natureza egoísta. Mas também há impulsos que são de natureza altruísta. O amor do próximo, o desejo de viver com os seus semelhantes em paz e amizade, de ser com eles considerado, a aversão a exercer violência sobre outrem, resultam seguramente de impulsos que estão vivos em muitos homens. Quem pode, porém, negar que em muitos homens também

---

[46] Na natureza incluem-se também os aspectos físicos e não somente os psíquicos, já que os dois interagem, sendo o homem um todo. Além do mais, se existe uma natureza pervertida por parte de alguns, isso não é um ato humano que se estende a todos, mas apenas a alguns, o que se costuma chamar de ato do homem.

[47] KELSEN, H., *A justiça e o direito natural*, 103-104.

se encontram vivos impulsos que se endereçam justamente à conduta oposta e que, conhecidos pela moderna psicologia sob o nome de impulsos agressivos, são reconhecidos como parte integrante da "natureza" humana?[48]

O que o autor afirma acima merece uma observação: do ser que provém da natureza não se passa diretamente para o dever-ser sem mais, o que seria determinismo e não ocorre no ser humano. As tendências com suas inclinações, instintos, pulsões devem passar por uma análise crítica, pelo filtro da razão antes de chegar ao dever-ser. Muitas dessas tendências são anomalias da natureza e não são próprias dela, ainda que excepcionalmente ocorram nela. Por natureza não se deve entender um conjunto indiscriminado, indiferente de elementos abarcando tudo, boas e más tendências. Não se pode dizer, por exemplo, que psicopatia seja algo natural, fazendo parte da natureza humana. É preciso identificar quais elementos devam ser considerados do ser, que possam constituir parâmetros para o dever-ser, pois não se pode negar que uma ordem jurídica não busque isso, mesmo que possa errar nessa busca. Se o parâmetro usado para se estabelecer o que deve ser aceito da lei natural como válido for acusado de subjetivo e relativo, por que a mesma acusação não poderá ser usada para um parâmetro diferente? Um parâmetro diferente com pretensão de objetividade não seria simplesmente uma opinião a mais, também passível de questionamento? A negação da objetividade não levaria a um grosseiro solipsismo?

Sobre os impulsos da natureza, diz ainda o autor:

> O impulso do homem para conservar a sua vida apenas pode ser considerado como "natural" porque e na medida

---

48 Ibid., 107-108.

em que de fato existe. Por isso, devemos considerar igualmente como "natural" o impulso do homem, que em certas circunstâncias também de fato existe, para pôr termo à própria vida. [...] O que tudo significa, porém, que do fato do impulso "natural" para a autoconservação – e por causa do impulso igualmente existente e também "natural" para a autodestruição – não podemos fazer derivar qualquer norma de direito natural unívoca relativamente à conduta do homem perante a sua própria vida[49].

Em primeiro lugar, deve-se dizer que o suicídio é apenas uma exceção, que diz respeito não a um ato humano, mas a um ato do homem, deste ou daquele indivíduo. O ser humano deseja sempre a vida e, muitas vezes, até instintivamente a defende. Mas não apenas isso. Ocorre que não deseja apenas a vida, mas uma vida feliz. Luta por ela até o fim, sempre na esperança que essa realização possa um dia ocorrer. Somente quando sente que isso não será mais possível, põe fim à vida.

Outra posição apresentada pelo autor é a do jusnaturalismo no seu viés racionalista. Os seus representantes pretendem deduzir da razão as normas de um direito justo. Segundo eles, as normas são imanentes à razão. A razão é autoridade normativa, legisladora, que estabelece a conduta reta e justa. Nesse sentido, o justo natural é racional[50].

Uma tal posição não se compreende, ainda que defenda o direito natural. Isso porque o intelecto humano não é a medida das coisas, como o admite Tomás de Aquino. A função da razão é verificar a lei natural presente na realidade, mas

---

49   Ibid., 106.
50   Ibid., 114.

não é seu fundamento. Ela é um instrumento de conhecimento e não o próprio conhecimento. A razão deve ser entendida aqui como todo o processo do conhecimento que vai desde as análises do elemento empírico, partindo da indução e chegando ao processo conclusivo a partir do que encontrou nos dados pesquisados. A partir dos elementos que ele capta, tem a capacidade de compará-los, de cruzá-los, compondo e decompondo, chegando a novos resultados. As descobertas científicas ocorrem desse modo. Nessa fase, o intelecto é criativo, porém, não cria sobre o nada. O intelecto humano é medido pelas coisas, pela realidade, mas é capaz de medir pela mesma medida com que é medido. Kelsen acredita que na doutrina jusnaturalista o homem tem apenas uma função passiva. Diz ele: "Segundo a doutrina do Direito natural, a norma da justiça é imanente à natureza – a natureza dos homens ou a natureza das coisas – e o homem pode apenas aprender, mas não criar ou influenciar essa norma"[51].

É verdade que o homem não pode mudar uma lei natural. Ele não pode, por exemplo, mudar a lei da gravidade, mas conhecendo-a, pode interferir nela com uma outra lei natural. Assim, por exemplo, pela lei da gravidade um rio não sobe uma elevação. No entanto, pode-se superar essa situação, usando-se pressão de ar para impelir a água e fazê-la subir, superando esse obstáculo. Do limite biológico, a exemplo da jornada de trabalho, diversas conclusões se podem tirar moral e juridicamente. As conclusões podem levar em conta não só o limite extremo de horas permitidas para o trabalho, mas também as condições de trabalho como salubridade, segurança contra acidentes, repouso semanal e até mesmo um

---

51 ID., H., *O que é a justiça?*, 223.

tempo possibilitado para a instrução, que pode ser também para uma qualificação no trabalho, além de se poder usufruir dos bens da cultura, já que não só de pão vive o homem. Além da questão do trabalho, o limite biológico leva a considerar a diferença entre as forças de um jovem e um idoso, excluindo-se os casos excepcionais, não se tratando igualmente os desiguais.

Kelsen admite que, embora a razão seja função cognoscitiva do homem, a normação não é função do conhecimento, função da razão, mas do querer, ainda que não somente dele. É uma função conjunta do querer e do conhecer, uma função cognoscitiva e querente[52]. Kelsen está criticando uma posição que não existe, ao menos, da parte de Tomás de Aquino, para quem a vontade supõe o intelecto. Intelecto e vontade estão juntos. A crítica do autor poderá valer apenas para os que se apoiam somente na razão ou na vontade, como base da norma.

Kelsen também critica a doutrina de um direito natural variável. Se a natureza do homem é variável, então não se poderia ter um critério de medida firme, absoluto para se apreciar ou valorar o direito positivo. Haveria diferentes direitos naturais, o que não seria diferente de um positivismo relativista. Também não é defensável a posição dos que propõem a existência de duas naturezas no homem, duas camadas da mesma natureza humana, uma invariável e outra variável. É o que faz Utz interpretando Tomás de Aquino. Tal autor distingue entre uma natureza humana geral, que é a essência específica do homem, imutável, e uma natureza humana "concreta", que vai de conformidade com a situação histó-

---

52　ID., *A justiça e o direito natural*, 115.

rica, com as circunstâncias políticas e econômicas em constante mudança. A crítica a essa posição por Kelsen é a incompatibilidade de um direito concreto com um direito imutável que deve ser formulado em normas gerais[53].

A doutrina do direito natural variável não diz respeito a Tomás de Aquino, mas parte de outros autores, como já foi dito. Na verdade, Tomás de Aquino, ao tratar da lei natural em seus fundamentos, trata também do que são deduções dos princípios da lei natural, que seriam como derivações descendentes. Nessas, diferentemente do que ocorre nos fundamentos, poderá ocorrer o erro, pois já existe um distanciamento dos princípios, como entende Tomás. Além do mais, se não for possível passar das premissas às conclusões, que valor teriam os princípios? Não há razão para duas naturezas, principalmente se forem desconexas entre si. Essa natureza concreta deve ser entendida como consequência da natureza geral. Muitas dessas denominadas naturezas concretas são modos de ser de uma mesma coisa. Assim, por exemplo, é natural que o homem se alimente. De alguma coisa deverá se alimentar, como condição de sobrevivência. O tipo de alimento já pode variar, de acordo com o *habitat*, o clima e as necessidades particulares de cada povo, cada pessoa e assim por diante. Tratam-se de questões contingentes. Sobre isso, dizem os autores Oliveira e Lessa, explicando a posição de Tomás:

> Existe, sim, um núcleo inalterável formado pelo preceito primário e geral da Lei Natural, do qual derivam os demais princípios. O homem, na medida em que possui a capacidade inata de conhecer juízos práticos, capta, infalivelmente, esse princípio fundamental e imutável. No entanto,

---

53 Ibid., 145-150.

a partir desse primeiro preceito, o homem avalia, mediante a razão prática e, portanto, *a posteriori* e na concretude das condições nas quais realiza suas ações, as coisas como boas ou como más, conforme se dirigem ou não aos fins próprios do ser humano. Assim, os preceitos secundários podem variar, pois dependem de contextos particulares[54].

É o que diz Tomás de Aquino:

> [...] quanto aos primeiros princípios da lei da natureza, a lei da natureza é totalmente imutável. Quanto, porém, aos preceitos segundos, que dizemos ser como que conclusões próprias próximas dos primeiros princípios, assim a lei natural não muda sem que na maioria das vezes seja sempre reto o que a lei natural contém. Pode, contudo, mudar em algo particular, e em poucos casos, em razão de algumas causas especiais que impedem a observância de tais preceitos [...][55].

Uma outra crítica de Kelsen é quanto à justificação da doutrina naturalista pela sua função. Trata-se da afirmação que a doutrina do direito natural foi benéfica ao modelar o direito positivo, tornando-o justo. Para o autor, isto não se pode dizer porque existem diferentes doutrinas jusnaturalistas[56]. Ocorre, porém, que nem todas as doutrinas jusnaturalistas se justificam. Há entre elas a que merece maior consideração pela sua consistência. E porque não poderia nortear um direito positivo e melhorá-lo, corrigindo-o, se for o caso?

---

54 OLIVEIRA, J. A. de; LESSA, B. A. F., Por que as objeções de Hans Kelsen ao jusnaturalismo não valem contra a teoria do Direito Natural de Tomás de Aquino?, 120-121.

55 AQUINO, Santo Tomás de, *Suma teológica*, I-II, q. 94, a. 5.

56 KELSEN, H., *A justiça e o direito natural*, 152-154.

Não é justo, como pretende afirmar o autor, que doutrinas jusnaturalistas sirvam para justificar ordens jurídicas existentes e suas instituições políticas e econômicas, revelando assim um caráter conservador[57]. Se isso ocorreu, não é por culpa da lei natural enquanto tal, mas pelo modo como foi interpretada. No caso, tanto os defensores do direito natural quanto os do direito positivo podem usar suas posições instrumentalizando-as em favor deste ou daquele regime vigente, adaptando-as a seu modo. Mas isso não significa que seja próprio delas servir a tais propósitos. As duas doutrinas necessitam de um constante juízo crítico para que não caiam em manipulações.

A posição juspositivista de Kelsen é exclusiva como a de outros que defendem a mesma posição. Tomás de Aquino, por sua vez, a sintoniza com o direito positivo. Não é preciso que este liame seja explícito entre um direito e outro. Já o monismo de Kelsen fica sem fundamento se perguntado pelo "porque" de uma lei. Como um monismo positivista poderia então explicar a validade de uma lei? Diria que é assim simplesmente por que a autoridade o declarou? E por que a autoridade o declarou? O que o homem estabelece deve vir acompanhado de um motivo, o que o direito natural tem possibilidade de fazer. É o que esclarece Campos:

> Desde sempre os homens acreditaram na existência de um certo ordenamento anterior e superior aos ordenamentos humanos que regem a conduta do indivíduo. Seja que, precariamente, os sofistas tenham distinguido a *physis* ou natureza imutável do *nomos* ou *lei humana variável;* ou que os estoicos tenham descoberto uma ordem natural no mundo

---

57 Ibid., 155.

que alcança também os indivíduos; que o gênio romano tenha elaborado com mais fineza o conceito de direito natural; ou que posteriormente, a patrística, a escolástica e suas escolas derivadas tenham feito a classificação da lei eterna, lei natural, lei divina e lei humana; que aquela ordem superior ao humano tenha sido pensada com fundada na divindade (tanto em sua razão como em sua vontade) ou exclusivamente na natureza (tanto em seu sentido geral e objetivo, ou como natureza subjetiva do homem) é sempre possível rastrear uma última coincidência básica na afirmação de que os ordenamentos que os homens estabelecem para regular sua convivência repousam em "algo" que não é produto do arbítrio desses homens[58].

Grécia e Roma no seu absolutismo de formas políticas pré-cristãs não chegaram a entender e reconhecer o homem como pessoa e seu *status* político diante do Estado. Este, por sua vez, abarcava e absorvia o homem. Na ciência política grega e com Aristóteles, a crença numa ordem natural era o mesmo que afirmar que a polis não era devida a uma decisão humana ou a um pacto, mas que sua causa eficiente se enraizava na natureza e pela esta não poderia viver senão em comunidade politicamente organizada. Coube à visão cristã alterar isso. A lei divina obriga os homens tanto em sua conduta pessoal como comunitária. No entanto, o governo político dos homens não abarca a totalidade da vida do homem, uma vez que seu foro íntimo e sua vida religiosa se subtraem a tal abarcamento. Isso constituiu o primeiro golpe de morte ao absolutismo do estado pagão. Também os homens são iguais por natureza em sua origem e destino pela sua vocação de filhos de

---

58 CAMPOS, G. J. B., El significado del derecho natural em la filosofia política, *Sapientia*, v. 21, n. 79 (1966) 36-48, aqui 36.

Deus e as desigualdades são simplesmente acidentais, não derivando da natureza humana[59]. Como se vê, se a ordem natural oferece razão para a lei e a ordem social, é necessário também que não se caia nas garras do determinismo, defendido pelos estoicos. Tanto a razão, como uma visão religiosa possibilitam um distanciamento crítico desse fatalismo.

No entanto, segundo Campos, surge depois o momento em que se prescinde de uma colocação metafísica, agravando-se depois a situação ao se descambar para um puro formalismo legalista e, em seguida, o surgimento de um positivismo com seus matizes negando o direito natural. Por outro lado, retorna o direito natural com sua filosofia de valores. A negação da ordem natural, por sua vez, conduz ao arbítrio e suas nefastas consequências. Os dois direitos, o natural e o positivo necessitam um do outro[60].

Outro julgamento de Kelsen é que a decisão do que é justo ou injusto depende da escolha da justiça tomada por base como julgamento, posição que ele toma e assume como risco. Nesse caso, diante de tal risco, existem aqueles que transferem essa responsabilidade para Deus, para a natureza ou razão. Em vão, segundo Kelsen, se reportam ao direito natural, com suas diferentes doutrinas. Isso não liberta da responsabilidade da escolha[61].

Pode-se perguntar se seria justa essa crítica do autor: buscar fundamentos últimos é sinônimo de fuga dos riscos? A busca do fim último em Deus serve para dar ainda mais solidez à fundamentação da lei natural, o que ocorre em To-

---

59   Ibid., 38-40.
60   Ibid., 42-43.
61   KELSEN, H., *A justiça e o direito natural*, 168.

más de Aquino, mas nem todos os jusnaturalistas recorrem a Deus. Basta notar leis naturais na ordem do mundo, sem perguntar por tal fundamento último. E o critério de julgamento proposto por Kelsen teria a evidência em si mesmo, dispensando qualquer outra base fora de si. Estaria isenta de questionamentos apenas por ser diferente? Se a crítica vale para uma posição, porque não valeria também para a outra, que se apresenta mais insólita? Verdade é que a menção desse risco revela uma atitude despretensiosa do autor, o que se deve elogiar. Mas quanto menor o risco que uma posição comporta, tanto melhor para sua confiabilidade.

Diz Kelsen que a Teoria Pura do Direito tem sido considerada como uma teoria jusnaturalista, sendo uma norma fundamental, ou seja, uma norma que se situa fora do direito positivo. Entende o autor que a norma fundamental, a Teoria Pura do Direito, não é uma norma do direito positivo e que este é o único ponto em que há certa semelhança entre a norma fundamental do juspositivismo e a do jusnaturalismo, enquanto que em outros pontos as duas teorias estão numa total oposição entre si[62]. A resposta a essa posição é que existem duas normas: a do direito natural e do direito positivo. Os jusnaturalistas encontram a fundamentação última de sua doutrina no direito natural. Kelsen, que se apresenta como juspositivista, diz que a fundamentação da teoria positivista não é uma norma do direito positivo. O que é então se não existe uma terceira teoria? O autor nada explica. Diz ainda:

> Também a Teoria Pura do Direito pergunta pelo fundamento da validade de uma ordem jurídica positiva, isto é, de uma ordem coativa criada pela via legislativa ou consue-

---

62 Ibid., 169.

tudinária e globalmente eficaz. Porém, não dá a esta pergunta uma resposta categórica, isto é, incondicionada, mas tão-só uma resposta hipotética, isto é condicionada[63].

Este posicionamento do autor parece contradizer o que ele mesmo afirma sobre um direito natural, aceito como variável:

> Se a natureza do homem não é invariável, se dela não podem ser deduzidas quaisquer normas invariáveis – ou até quaisquer normas, pura e simplesmente – sobre a conduta reta, não pode haver *um* direito natural que possa servir como critério de medida firme, absoluto, para a apreciação ou valoração do direito positivo [...][64].

Como admitir o hipotético para sua teoria, se não o admite para a doutrina do direito natural? Dois pesos e duas medidas? Se as duas oferecem apenas hipóteses, porque não admitir as duas? Considera também o autor que para a validade do direito positivo, pressupõe-se uma norma, segundo a qual se deve conduzir de acordo como prescreve a primeira constituição histórica, de acordo com a qual foi criada a ordem jurídica positiva[65]. Onde se baseia também essa tal constituição histórica? Se o autor, de outra parte, questiona por todos os ângulos a doutrina do direito natural, demonstra, de outra parte, uma pretensão quanto ao fundamento fornecido pela Teoria Pura do Direito ao afirmar: "A sua pressuposição é a condição sob a qual uma ordem de coação criada pela via legislativa ou consuetudinária e globalmente eficaz é considerada como vá-

---

63 Ibid., 170.
64 Ibid., 146.
65 Ibid., 170.

lida – como objetivamente válida"⁶⁶. Como aceitar uma conclusão de eficácia e validade sem fundamento? Por que é válida? O que explica e justifica tal validade?

O autor, do início ao fim, se mostra um confesso adversário do direito natural. Considera que o direito positivo não pode estar em contradição com sua norma fundamental, ao passo que esta mesma ordem do direito positivo pode estar em contradição com o direito natural, como se este tivesse a pretensão de ser o direito justo⁶⁷. Qual norma, em primeiro lugar? E depois, pretensão do direito justo? Não tem Kelsen sua pretensão do direito justo enquanto juspositivista? Qual a prova desse direito? Muitas vezes o direito positivo revela uma indiferença perante as coisas, embora não fira o direito natural. Ferir o direito natural fere também a natureza humana da pessoa. Se ele não tem peso, menos peso ainda tem o direito positivo.

Por fim, o autor afirma que o direito natural é dualista, enquanto que o direito positivo é monista⁶⁸. Qual o problema em se admitir um direito natural juntamente com um direito positivo se cada qual tem uma função e os dois possuem uma conexão entre si? Os dois se exigem e se completam. Nesse sentido, afirma Bobbio:

> Há pelo mesmo um significado de "positivismo jurídico" pelo qual parece que, apenas aceitando o método de pesquisa empregado e recomendado pelos positivistas, é possível aproximar-se daquele ideal do rigor, sem o qual não há ciência no sentido tradicional da palavra, mas apenas

---

66 Ibid., 170-171.
67 Ibid., 171.
68 Ibid., 172.

opinião. E há também pelo menos um sentido de jusnaturalismo pelo qual aparece que só o apelo a valores últimos, que transcendem as leis positivas, postas ou justificadas por qualquer um, salva, em última desesperada instância, a liberdade da consciência junto com a austeridade e a integridade da nossa vida moral. Somos continuamente tentados a defender algumas exigências do positivismo, enquanto cientistas, com o mesmo empenho com a mesma coerência (não obstante a aparência em contrário) com que defendemos as razões últimas do jusnaturalismo enquanto homens livres[69].

Mesmo que o autor acima veja o positivismo jurídico no sentido de método, ele é também válido por outras razões para secundar o direito natural. Essa colaboração se dá também por outros elementos, o que outros autores apresentam. Assim, retomando a crítica feita por Kelsen ao dualismo, pergunta-se: qual o inconveniente do mesmo? Em que sentido ele desqualifica o direito natural? O direito positivo se articula com o direito natural, dá-lhe cidadania de lei. Além de outros motivos, são também necessárias as leis escritas para que os cidadãos possam observá-las de que se ocupa o positivismo jurídico. Tale apresenta também suas razões para a articulação do direito positivo com o natural:

> [...] o direito natural, mesmo que se considere extensa a sua esfera de regulação, não abarca todas as situações e condutas da vida social. Os princípios do direito natural e as conclusões dele derivadas regulam diretamente certa quantidade de situações e condutas, mas com respeito a muitas outras, nada se pode concluir com caráter universal e ne-

---

69 Bobbio, N., *Jusnaturalismo e positivismo jurídico*, 29.

cessário. Para estas, são possíveis diversas soluções jurídicas, que não pertencem nem contrariam o direito natural, quer dizer, são indiferentes do ponto de vista da razão natural. Tais situações e condutas, no entanto, precisam ser reguladas, ou convém que sejam reguladas e aí temos um papel do direito positivo[70].

Analogicamente, pode-se entender também a relação do direito natural e o direito positivo, com a relação entre uma constituição de um país e as suas leis complementares. A constituição trata das leis de forma geral, necessitando depois de leis particulares específicas. Um outro aspecto pode também explicar essa relação. A lei natural indica "o que deve ser feito" e a lei positiva "o modo de ser feito". Assim, se o cidadão tem direito à vida, a lei positiva se incumbe de respeitá-la através de vários modos.

O direito positivo em seu monismo, não encontra razão em si mesmo. A vontade, que estabelece a norma, o faz apoiada no intelecto humano. Este, por sua vez, não é autônomo, mas busca apoio fora de si. Se o direito natural com todo o seu peso necessita de desdobramentos, de especificações pelo direito positivo, como se poderia falar de um direito positivo em sua total autonomia? O positivo supõe o primeiro e o natural se expressa pelo segundo. Essa é a dificuldade do monismo de Kelsen em sua doutrina juspositivista com sua fundamentação na chamada Teoria Pura do Direito.

Kelsen apresenta muitos outros motivos para essa teoria. Entre eles defende que uma norma depende de um fato, o que

---

[70] TALE, C., Exposición y refutación de los argumentos de Hans Kelsen contra la doctrina del derecho natural, 108.

encontra cidadania no jusnaturalismo. Um exemplo disso é o direito consuetudinário. Diz o autor:

> Uma norma de Direito consuetudinário estipula que as pessoas devem conduzir-se como costumeiramente se conduzem. Quando os membros de um grupo social seguem certo padrão de conduta por certo tempo, surge no grupo a convicção de que as pessoas devem conformar-se a esse padrão[71].

O direito consuetudinário enquanto tal não acarreta problema, podendo ser admitido sem mais. O problema poderá existir se o costume que embasa o direito for problemático e ilícito. Não é porque algo existe de fato que mereça encontrar cidadania no direito. Não é porque algo é assim, que deva ser assim. Se um costume for injusto, ele passará a ser uma norma injusta.

Entende Kelsen que o direito natural é notado em realidades muito fundamentais, sendo que o alimento, por exemplo, um desejo natural compartilhado por todos os homens. Diz o autor:

> Se as normas do Direito natural têm de ser fundamentadas em desejos naturais, isto é, desejos compartilhados por todos os seres humanos, não é possível estabelecer um sistema de normas naturais regulamentando a vida social dos homens. Pois não há outro desejo natural compartilhado por todos os homens que não o alimento. A necessidade de educação certamente não se baseia em um desejo efetivamente sentido por todos os homens e certamente não é necessária para preservar a vida do homem[72].

---

71 KELSEN, H., *O que é a justiça?*, 211.
72 Ibid., 191.

Kelsen poderia acrescentar também a necessidade do descanso, como participado por todos, mas a questão aqui não é a quantidade de coisas enquanto desejos naturais instintivos. Elas podem não ser muitas, mas não significa que não decorram da lei natural. Dessa maneira, sendo o homem um ser racional, os bens culturais, que ele também poderá almejar, promanam desse princípio. Tomás de Aquino trata não só desses princípios primários como sendo da lei natural, como daqueles derivados, desde os mais próximos até os mais distantes. Tome-se o caso da educação, por exemplo. Sem ela, principalmente nos dias de hoje, o indivíduo enfrentaria muitas dificuldades para levar adiante a sua vida. Ela possibilita ao homem entender melhor a realidade, dominá-la pelos seus conhecimentos e conquistá-la a seu favor, de modo responsável. O conhecimento pode começar pelos estágios mais simples, como foi o caso do homem primitivo, descobrindo o fogo, o ferro até os mais sofisticados hodiernamente e aqueles que ainda virão. Não é sem motivo que o ser humano está sempre em busca de mais.

O autor coloca o problema da contradição que, às vezes, surge entre o direito natural e o positivo, uma vez que os jusnaturalistas negam essa oposição. Diz ele:

> Eles não negam que, em princípio, um conflito entre o Direito positivo e o Direito natural seja possível; mas tentam provar que tal conflito só pode ocorrer excepcionalmente e que, se ocorre, a validade do Direito positivo quase nunca pode ser posta em dúvida[73].

Qual o problema em se afirmar que tal oposição só ocorre excepcionalmente? A não-contradição em princípio

---

73   Ibid., 145.

continua a existir. A harmonia entre os dois direitos persiste. No entanto, às vezes, para se evitar um mal maior, um indivíduo ou um grupo poderá tolerar a perda de certos direitos, não usando dos recursos da objeção de consciência, da desobediência civil, ou de qualquer outra forma de resistência, o que poderia causar danos maiores a uma ordem social. Mas quando esse mal for clamoroso, não somente podem como devem se opor a ele, podendo-se citar o caso da eliminação física de pessoas inocentes por parte de um governante, por razões ideológicas.

Kelsen estabelece que o critério de julgamento tem como base uma constituição histórica, justificando assim o seu pensamento fundamental que do "ser" não se pode concluir por um "dever-ser". Escreve ele:

> [...] se a primeira constituição histórica e as normas emitidas sobre esse fundamento forem consideradas como normas juridicamente obrigatórias, então deverá ser pressuposta uma norma determinando que uma pessoa deve conduzir-se em conformidade com a primeira constituição histórica[74].

Novamente se pode lançar a questão ao autor sobre esse tema: qual o fundamento dessa primeira constituição? Além do mais, não basta que uma ordem jurídica seja legal. A prova da legalidade é a sua promulgação. Sobre isso não se discute. A questão é saber se essa ordem é legítima. Ou ela está diretamente em conformidade com a lei natural, ou lhe é indiferente. Exclui-se apenas a antinaturalidade. O que se quer é que uma lei seja justa, que seja buscada, discutida e demons-

---

74   Ibid., 215.

trada em sua justiça. Caso contrário, não haveria protestos, resistências diante de certas leis. Já dizia Tomás de Aquino: "que não pode haver lei que não seja justa"[75]. Retomando o que disse Kelsen, sobre sua Teoria Pura do Direito: "A sua pressuposição é a condição sob a qual uma ordem de coação criada pela via legislativa ou consuetudinária e globalmente eficaz é considerada como válida – como objetivamente válida"[76], a crítica agora assume a seguinte direção: acaso interessa a alguém que uma ordem jurídica seja válida e eficaz se não for justa? Alguém já lutou, resistiu, sofreu e chegou ao sacrifício da própria vida que não fosse em prol de uma ordem justa, mesmo se equivocando no seu conceito de justiça?

Todos os questionamentos aqui feitos a Kelsen foram no sentido de que ele deveria fundamentar o que expôs em sua crítica ao jusnaturalismo. Ele não apresentou motivos convincentes em suas perguntas e em suas respostas, em várias passagens de seus textos. Sobre tal fundamentação, vale aqui uma oportuna afirmação de Sacheri:

> Essa afirmação de certos direitos como naturais ou essenciais ao homem permaneceu ao longo dos tempos. É curioso constatar que, ainda quando tal conceito tenha sido negado por alguns positivistas (Bergbohm, Kelsen etc.), a noção de direito natural reaparece constantemente sempre que são questionados os fundamentos de uma ordem jurídica ou de uma lei[77].

Finalizando o presente capítulo, os autores com suas críticas ao jusnaturalismo, seja em alguns elementos e ou mesmo

---

75 AQUINO, Santo Tomás de, *Suma teológica*, I-II, q. 95, a. 2.
76 KELSEN, H., *A justiça e o direito natural*, 170-171.
77 SACHERI, C. A., *A ordem natural*, 49.

contra a doutrina do direito natural, no caso de Kelsen, serviram indiretamente para pôr à mostra as dificuldades, bem como o alcance que a doutrina do direito natural pode apresentar. Se de um lado, existem as divergências conforme foram apresentadas, resta agora mostrar a outra face da moeda que é a convergência com a teoria do direito positivo.

Antes, porém, de finalizar o presente capítulo, uma resposta será apresentada a uma questão de extrema importância na discussão entre o jusnaturalismo e o juspositivismo. A resposta já foi dada antes, mas não de um modo mais explícito e esquemático, o que será apresentado agora. Trata-se da questão da norma que julga o fato. A pergunta levantada foi: onde se funda a norma? Bobbio também dedica várias páginas criticando o direito natural, enquanto critério de julgamento. O autor questiona o apelo à "natureza das coisas"[78]. No entanto, ele mesmo oferece uma explicação que é chave de compreensão para a fundamentação da norma, envolvendo a natureza:

> De minha parte, creio que, quando o jurista fala da natureza de um objeto, ou de um sujeito, ou de um comportamento, ou de uma instituição, refere-se à relação meio-fim e pressupõe, consciente ou inconscientemente, o princípio fundamental de Ihering: "o fim é o criador de todo o direito" [...] A regra fundamental na qual o jurista inspira-se para produzir novas regras a partir da natureza das coisas é a seguinte: "se certo fim é obrigatório (ou proibido), hão de ser considerados obrigatórios (ou proibidos) todos os meios objetivamente aptos a alcançá-lo"[79].

---

78 Bobbio, N., *Jusnaturalismo e positivismo jurídico*, 282.
79 Ibid., 284.

A resposta se encontra na teleologia, da relação meio e fim. A explicação acima serve não somente para os elementos morais e jurídicos, mas mesmo para os físicos: se alguém, por exemplo, pretende construir um artefato explosivo (fim) deve usar os elementos (meios) que, por sua natureza[80], possibilitem a explosão. Note-se que os meios devem ser adequados ao fim para que possam atingi-lo. Quanto ao campo jurídico ou mesmo moral, os exemplos são inúmeros, podendo-se citar alguns deles: é proibido alguém dirigir embriagado ou em alta velocidade um veículo. Por que tal norma? Exatamente porque tais meios, por sua natureza, são inadequados para se atingir um fim (evitar acidentes e preservar a vida, ainda que possam ocorrer acidentes por outros motivos), enquanto que adequados seriam respectivamente a sobriedade e a velocidade sob limite, que permitam o controle do veículo. Em favor da vida (fim) proíbe-se a criação de porcos, galinhas, ou congêneres, por exemplo, em quintais dentro das cidades, porque, por sua natureza, produzem mau cheiro, pondo em risco a saúde e a vida da população. São, portanto, inadequados. É nesse sentido que, pela natureza dos meios em relação ao fim, se entende uma norma de permissão ou proibição. Nessa mesma perspectiva, os fins mais distantes condicionam os mais próximos. O fim mais distante aqui é a vida.

No caso, tudo gravita em torno da vida, sendo que, no fim das contas todas as atividades, humanas como, por exemplo, política, economia, cultura, trabalho, repouso, visam este fim. No entanto, deseja-se mais. Não se pretende apenas a

---

80 Por natureza poder-se-ia também entender "estrutura", "lógica interna", "essência" etc.

vida, mas uma vida feliz, digna de ser vivida, em suma, a felicidade, como entendia Aristóteles. Isso projeta o conceito de vida para mais longe. Para uma fé religiosa, por exemplo, que vê a realidade sob a ótica da transcendência, a vida nesse mundo passa a não ser o fim último. O seu fim último, sua cabal realização se encontra além desse mundo, a partir de uma existência virtuosa, que endereça a uma outra vida muito superior e perene, onde ocorrerá a suprema felicidade.

4

Jusnaturalismo e juspositivismo
Convergências

No capítulo anterior tratou-se da divergência entre lei natural e lei positiva. Mesmo entre os defensores da lei natural, houve os que apenas a aceitaram enquanto conteúdos vagos, conteúdos abstratos, diante da diversidade dos conceitos. Não causa estranheza considerar as discrepâncias apresentadas entre a lei natural e a positiva. Mas é preciso ter também em conta que tais divergências dependem muito da visão dos autores. Nos dias atuais, o juspositivismo ganha ampla cobertura e cidadania.

De outra parte, convém lembrar que a realidade tem outras facetas. Tanto Aristóteles quanto Tomás de Aquino, representantes do jusnaturalismo, vão mostrar a necessidade da lei natural e da lei positiva, cada qual com sua função. As duas ordens se exigem e se articulam. Cabe aqui uma explicação mais detalhada dessa articulação. A posição fundamental do positivismo jurídico pode ser assim formulada: "deve-se obedecer às leis enquanto tais" e a do jusnaturalismo, do seguinte modo: "deve-se obedecer às leis apenas quando forem justas"[1]. Com relação ao positivismo jurídico, pode-se falar apropriadamente de formalismo jurídico. A "forma" é entendida aqui no sentido de "recipiente", que não muda quando o sentido se altera[2]. É verdade que a forma sempre carrega um conteúdo, mas o mesmo varia. Nesse sentido, uma lei pode ter um conteúdo que em um lugar pode ser permitido, e em outro, proibido. Se a forma é o enfoque do juspositivismo, não se deve estabelecer uma dissociação do conteúdo. Da mesma maneira, se o juspositivismo enfoca a autoridade, ela não pode prescindir da razão

---

1   Bobbio, N., *Jusnaturalismo e positivismo jurídico*, 165.
2   Ibid., 112.

(realçada pelo jusnaturalismo), sob pena de correr o risco do arbitrário³, porque, diga-se, deve ser um trabalho da razão marcado pelo rigor e pela prudência, buscando o melhor resultado na elaboração de uma lei. De outra parte, o jusnaturalismo, que visa a justiça, necessita da validade da lei para não ficar sem o efeito. Cada qual, na sua ordem, se encaixa devidamente. Assim, mesmo que Aristóteles e Tomás deem primazia à lei natural, a lei positiva é indispensável. Nas palavras de Tomás de Aquino:

> [...] está presente no homem, naturalmente a aptidão para a virtude; ora, é necessário que a própria perfeição da virtude sobrevenha ao homem por meio de alguma disciplina. Assim como vemos que o homem recorre a alguma indústria em suas necessidades, por exemplo, no alimento e no vestir, cujos inícios ele tem pela natureza, a saber, a razão e as mãos, mas não o próprio complemento, como os demais animais, aos quais a natureza deu suficientemente cobertura e alimento. Para essa disciplina, porém, o homem não se acha por si mesmo suficiente, com facilidade. Porque a perfeição da virtude consiste principalmente em afastar o homem dos prazeres indevidos, aos quais os homens são inclinados principalmente e maximamente os jovens em relação aos quais a disciplina é mais eficaz. E assim é necessário que os homens obtenham tal disciplina por outro, por meio da qual se chega à virtude. E certamente quanto àqueles jovens inclinados aos atos das virtudes em razão de uma boa disposição da natureza, do costume ou, mais ainda, do dom divino, é suficiente a

---

3 "[...] quando o direito natural é negado, somente há a vontade do legislador que faz a lei. Ele não é mais, então, o intérprete do que é justo e bom, mas se arroga a prerrogativa de ser critério último do que é merecido" (COMISSÃO TEOLÓGICA INTERNACIONAL, *Em busca de uma ética universal*, 87).

disciplina paterna, que se faz mediante os conselhos. Mas, porque se encontram alguns impudentes e inclinados aos vícios, os quais não podem ser movidos facilmente com palavras, foi necessário que pela força e pelo medo fossem coibidos do mal, de modo que, ao menos desistindo assim de fazer o mal, aos outros tornassem tranquila a vida, e os mesmos, por fim, por força de tal costume, fossem conduzidos a fazer voluntariamente o que antes cumpriam por medo, e assim se tornassem virtuosos. Tal disciplina, obrigando por medo da pena, é a disciplina das leis. Portanto, foi necessário que as leis fossem impostas para a paz dos homens e a virtude, porque, como diz o Filósofo, "assim como homem, se é perfeito na virtude, é o melhor dos animais, assim, se é separado da lei e da justiça, é o pior de todos", uma vez que o homem tem a arma da razão para satisfazer suas concupiscências e sevícias, que os outros animais não têm[4].

O pensamento tomista que, na esteira de Tomás de Aquino, coloca em primeiro plano a lei natural como elemento fundante, considera que as funções da lei positiva em relação à lei natural são: 1) declarar a lei natural, por ser esta muitas vezes obscura, justamente por haver dúvidas e dissenso sobre as conclusões extraídas dos princípios da lei natural; 2) determinar a lei natural, por ser indeterminada, embora clara. Em matéria de religião, por exemplo, o preceito natural de adorar a Deus é determinado pela lei positiva por um culto, e 3) acrescentar a sanção à lei natural, estabelecendo pena temporal para transgressores[5].

---

4   Aquino, Santo Tomás de, *Suma teológica*, I-II, q. 95, a. 1.
5   Napoli, I. di, *Manuale philosophiae* ad usum seminariorum, v. 3, *Theologia rationalis, ethica, paedagogia, aesthetica, historiologia*, Torino, Marietti, 1963, 218.

Tomás, no entanto, mesmo considerando significativa a lei positiva, coloca o peso maior na lei natural, como se disse acima, tanto assim que para o autor a primeira deriva desta última, conforme ele explica:

> Nas coisas humanas diz-se que algo é justo pelo fato de que é reto segundo a regra da razão. A primeira regra da razão, entretanto, é a lei da natureza [...]. Portanto, toda lei humanamente imposta tem tanto de razão de lei quanto deriva da lei da natureza. Se, contudo, em algo discorda da lei natural, já não será lei, mas corrupção da lei[6].

De outra parte, seria necessário para cada lei positiva a ser estabelecida verificar uma estreita relação com a lei natural? Não parece que na maioria das leis algo assim se verifique de uma maneira tão clara. E não haveria tão poucos princípios naturais para deles derivarem tantas leis, princípios esses que para serem naturais deveriam ser compartilhados por todos? Nesse sentido, teria razão Kelsen, quando afirma:

> [...] não há outro desejo natural compartilhado por todos os homens que não o alimento. A necessidade de educação certamente não se baseia em um desejo efetivamente sentido por todos os homens e certamente não é necessária para preservar a vida do homem[7].

É verdade que para Tomás não há necessidade de tantos princípios naturais. Há, no entanto, um núcleo comum de ordem natural do quais se tiram tantas e diversas conclusões.

---

6 AQUINO, Santo Tomás de, *Suma teológica*, I-II, q. 95, a. 2.
7 KELSEN, H., *O que é a justiça?*, 191.

Mas não é só isso. Para ele, o modo de derivação não é apenas por conclusões dos princípios, mas também como determinações do que é geral. Assim diz ele:

> Ora, deve-se saber que algo pode derivar da lei natural de dois modos: como conclusões dos princípios e como algumas determinações do que é geral. O primeiro modo é semelhante àquele no qual nas ciências se produzem conclusões demonstrativas dos princípios. O segundo modo, contudo, é semelhante àquele segundo o qual nas artes as formas comuns são determinadas para algo especial. Por exemplo, é necessário que o artífice determine a forma comum da casa para essa ou aquela figura da casa[8].

Essa passagem por determinação é a que mais aparece nas decisões em relação à lei natural. Para tanto, não é preciso que apareça o liame estreito entre um princípio natural e sua conclusão, como no primeiro modo de que fala Tomás. Assim, mesmo diante de uma enorme gama de leis em uma ordem jurídica, os cidadãos não sentem necessidade de protestar, pois não se sentem lesados. Essas mesmas leis podem mudar sem prejuízo para a lei natural e para ninguém. No entanto, quando tais leis prejudicam a ordem natural, surgem os protestos e resistências.

Ao se falar de lei natural, não seria necessário conceituar o natural estabelecendo-se critérios para tanto, evitando-se equívocos? Não foi um equívoco de Aristóteles dizer que a escravidão era algo natural? Tomás de Aquino estabelece critérios para se estabelecer o que é natural. São eles: a unidade, a universalidade, a imutabilidade e a indelebili-

---

8   AQUINO, Santo Tomás de, *Suma teológica*, I-II, q. 95, a. 2.

dade⁹. Embora se considerem esses quatro elementos, um deles já seria suficiente para se caracterizar o que é natural: a universalidade. Aquilo que é universal, que perpassa todas as culturas, é natural.

Outra questão também deve ser colocada em se tratando do natural. Para os estoicos trata-se de algo estático ao qual simplesmente se deve submissão. Ao ser humano, no entanto, é apenas reservada a condição de ser arrastado pelo turbilhão da natureza numa completa passividade? Não é ele que tem o poder de interferir nessa natureza? Levando-se em conta o que dizem os textos bíblicos, tem-se a passagem do gênesis: "sede fecundos, multiplicai-vos, enchei a terra e submetei-a" (Gn 1,28). A sua condição não é como a dos demais seres na natureza, por sua inteligência. Por ser inteligente, goza de liberdade. Ele pode interferir na natureza.

A natureza, pode-se dizer, caminha no seu processo de autoajustamento, estabelecendo aqui e ali os seus acertos. O ser humano concorre também para isso. Há muito casos também de desajustes, causados ou não pelo homem. Assim, por exemplo, cirurgias para corrigir defeitos são fatores para se chegar à normalidade nas coisas. O ser humano também precisa se adaptar ao ambiente e torná-lo menos inóspito. Age, portanto, na natureza para tê-la a seu favor e ter com a mesma um convívio mais harmônico. Agindo com responsabilidade, essa interferência não é nociva. No entanto, se a natureza pode sofrer interferência, isso não significa que as suas leis sejam mudadas, mas é com base nessas leis que se pode interferir nela. A interferência poderá ser boa ou má dependendo do modo como ela se dá. Assim, também se explica

---

9   Ibid., q. 94, a. 4-6.

que a lei positiva é necessária. Ela pode dizer, de forma mais explícita, aquilo que a própria natureza não exprime claramente. É o caso das leis ambientais.

Um panorama serve para contextualizar a importância dessas duas ordens. Em primeiro lugar, há o que favorece o direito positivo. Existe nos dias de hoje uma tendência a acentuar as diferenças entre as culturas, entre os povos, e mesmo entre as pessoas, e, consequentemente, a ideia de respeitar tais diferenças. Tais diferenças são vistas como um pluralismo enriquecedor. Um julgamento, que parte de uma posição procurando julgar a outra, passa a ser caracterizado como etnocentrismo, tornando-se difícil um critério de avaliação perante a suspeita de pretensão. Chegou-se mesmo a uma classificação entre universalistas e particularistas.

Em que pese esse respeito às particularidades, existe um outro aspecto a ser considerado. Já faz tempo em que o mundo é considerado uma aldeia global e, atualmente, se aponta para o fenômeno da globalização. Os organismos tendem já a não atuar em separado. A economia é vista como um conjunto, que afeta, ao mesmo tempo, os países. Outro exemplo também são os acordos internacionais sobre o clima, que tem uma repercussão global. Isso significa que, para além das diferenças, é preciso buscar pontos comuns para uma colaboração comum em benefício de todos. Assim, a riqueza das diferenças não pode comprometer o entendimento para no que é decisivo para o bem da humanidade. Requer-se, portanto, um equilíbrio entre os dois polos. Tal panorama ajuda a entender a necessidade de mais aproximação e diálogo.

Dentro desse contexto, torna-se mais fácil compreender a necessidade de se colocarem as cartas na mesa das posições defendidas do jusnaturalismo e do juspositivismo. Isso sem ter que sacrificar posições válidas, com concessões sem sentido, de um lado ou de outro, por meio de um puro acordo formal. Em que pesem nos dias de hoje crendices e obscurantismos, adesões acríticas a líderes políticos, religiosos ou de qualquer outra denominação, bem como as propagandas e informações enganosas, em contrapartida percebe-se uma crítica e uma exigência maior ao que é proposto. O cidadão já não se contenta com afirmações sem razões consistentes, seja em qualquer campo da atividade humana. Sobre isso são oportunas as palavras de Benenson:

> [...] a lei deve ser *racional*. Numa sociedade progressivamente mais educada, os indivíduos cada vez mais estarão menos preparados para aceitar leis só porque feitas por pessoas com melhor nível de educação; eles querem também sentir que a lei está de acordo com sua própria razão[10].

Os meios de comunicação, por sua vez, hoje mais diversificados, disponibilizam muitas informações e opiniões que ficam submetidas a discussões e avaliações. Muitas vezes, não importa a autoridade de quem falou, mas o que se falou, não faltando defensores ou críticos de uma mesma fala. Nesse contexto, o mesmo ocorre com relação à lei. Exige-se que ela aponte para a justiça, sem arbitrariedades, legítima e justa, na esteira do que afirma Tomás de Aquino "que não pode haver lei que não seja justa"[11].

De outra parte, considerando-se que a base da lei deva ser a ordem natural, é preciso averiguar se, de fato, o conceito

---

10   BENENSON, P., Direito natural e direito positivo, opiniões de um jurista, *Concilium*, v. 5, n. 25 (1967) 43-52, aqui 47.
11   AQUINO, Santo Tomás de, *Suma teológica*, I-II, q. 95, a. 2.

de natural não estará sendo fruto de um equívoco. Um dos cuidados é não entender natureza como algo intocável. Seria antinatural, por exemplo, um reparo de um defeito em um paciente por cirurgia, um transplante de órgão para se salvar uma vida? Ou então uma transfusão de sangue? Não seria, ao contrário, completar o que faltou em uma natureza, agindo em harmonia com ela?

Para uma relação harmoniosa entre uma lei natural e positiva será necessária uma contínua discussão para uma melhor compreensão das leis e suas razões. Um processo contínuo de esclarecimento. Nesse sentido, mesmo os conteúdos podem entrar nesse debate. Assim, juntamente com a riqueza das diferenças será necessária também a busca do que é comum, a busca do entendimento e de soluções para o bem de todos e de tudo. Sem sombra de dúvida, é necessário que existam leis para que o cidadão saiba de seus direitos e seus deveres em um ordenamento jurídico, saiba como se comportar diante dessa ou daquela situação. A lei, como tal, tem como objetivo a ordem, a tranquilidade, a paz social, o bem comum, só para citar essas finalidades maiores. No entanto, se essas mesmas leis não visarem a justiça, poderá ocorrer o reverso desse objetivo buscado.

Após verificar a necessidade do congraçamento entre jusnaturalismo e juspositivismo, há uma palavra a ser dita sobre o jusnaturalismo, principalmente aquele mais exigente, de Tomás de Aquino, para quem uma lei, para ser lei, precisa ser justa. É necessário entender que mesmo que se pretenda uma lei justa, ideal a ser perseguido, nem sempre isso ocorre de imediato. Nesse sentido, não deveria haver uma intolerância, se uma lei, ao mesmo tempo, não contemplasse tudo aquilo que exige a justiça. Tal intolerância levaria ao risco de não haver lei nenhuma, ainda mais tendo-se em conta que há muitos segmentos da vida social exigindo legislação. A complexidade do convívio humano, suas contínuas descobertas técnico-científicas, os novos e diversos comportamentos humanos, que aí estão e que ainda virão, requerem um surgimento cada vez maior das mais variadas leis. O ideal de justiça, por seu turno, deve estar sempre presente e sempre buscado. Mas será necessário um longo caminho a percorrer. Por outro lado, se o aprimoramento das leis deverá ocorrer na sua forma, com mais razão ainda em seus conteúdos.

Conclusão

O jusnaturalismo e o juspositivismo são duas colunas que fundamentam o Direito e se enquadram na Filosofia do Direito. Nem todos os autores, porém, assim o consideram. Há aqueles que, se não negam o jusnaturalismo, ao menos lhe fazem críticas, apontam os seus desafios. Há também quem o dispensa, como no caso de Hans Kelsen, juspositivista.

Este estudo tomou como base o pensamento de Tomás de Aquino, que, na esteira de Aristóteles, leva em conta tanto a lei natural como a lei positiva, bem como o direito natural e o direito positivo, concernentes às leis. A reflexão tratou de questionamentos tanto em relação ao jusnaturalismo quanto ao juspositivismo, seja acolhendo, seja apresentando críticas e tentativas de solução.

Em primeiro lugar, a reflexão se desenvolveu partindo do conceito e da história do jusnaturalismo, considerado como parâmetro. Daí a razão de ter sido mais longamente apresentado, porém, sem obviamente excluir o importante papel do juspositivismo. Este, segundo Tomás de Aquino, possui a função de secundar o jusnaturalismo. A posição tomasiana inclina-se obviamente para o jusnaturalismo, mas sua posição é inclusiva. Isso porque as leis escritas são necessárias. O juspositivismo se preocupa com a lei e o jusnaturalismo com sua justiça. Lei sem justiça teve recusa de Tomás de Aquino, e teria também da parte dos cidadãos. Caso contrário, porque então tantos insurgimentos contra leis ou procedimentos considerados injustos? Embora a legalidade seja necessária, deve estar imbuída da legitimidade.

Em segundo lugar, analisaram-se as divergências entre a posição jusnaturalista e a juspositivista, divergências aceitáveis ou não. A reflexão se debruçou sobre as objeções feitas ao jusnaturalismo, mesmo entre os que o acolhem com restrições. Mas foi Kelsen, juspositivista, quem mereceu uma atenção maior por se opor à ideia de um direito natural, como base de um ordenamento jurídico. Assim, os questionamentos que lhe foram feitos procuraram mostrar a necessidade de fundamentação, embasamento este que a lei natural pode oferecer. Nesse confronto com o autor, indiretamente foi possível verificar que as divergências encontradas não se mostraram inconciliáveis. Em num terceiro momento, agora de forma direta, fez-se notar que as duas convergem, tal como propõe a posição tomasiana. Além do mais, a convergência pode e deve ser mais aprofundada para se chegar a uma aproximação ainda maior, desde que a discussão jamais cesse o clima de diálogo.

Referências

ABBAGNANO, N. *História da Filosofia*. Lisboa, Portugal: Presença, 1984.

_____. *Diccionario de filosofía*. México: FCE, 1987.

AGOSTINHO. *A cidade de Deus*, v. 1. Petrópolis: Vozes, 1990.

ARMELLA, A. M. L. *La formación social y política de los católicos mexicanos*. Ciudad de México: Universidad Católica Iberoamericana, 2008.

ANNAS, J. Argumentaciónes éticas a partir de la naturaleza. Aristóteles y después. *Revista Latinoamericana de Filosofia*, v. 20, n. 2 (1994) 223-236.

AQUINO, Santo Tomás de. *Suma Teológica*. v. 4. *Os hábitos e as virtudes, os dons do Espírito Santo, os vícios e os pecados, a lei antiga e a lei nova, a graça. I seção da II parte, questões 49-114*. São Paulo: Loyola, 2010.

BENENSON, P. Direito natural e direito positivo opiniões de um jurista. *Concilium*, v. 5, n. 25 (1967) 43-52.

BOBBIO, N. *Jusnaturalismo e positivismo jurídico*. São Paulo: Unesp-Instituto Norberto Bobbio, 2016.

BRUGGER, W. *Dicionário de Filosofia*. São Paulo: Herder, 1969.

CAMPOS, G. J. B. El significado del derecho natural en la filosofia política. *Sapientia*, v. 21, n. 79 (1966) 36-48.

CHORÃO, M. B. Jusnaturalismo. In: *Logos. Enciclopédia Luso-Brasileira de Filosofia*, v. 3. Lisboa-São Paulo: Verbo, 1991.

COAN, E. I. Ainda e sempre o direito natural. *Revista Brasileira de Filosofia*. v. 42, n. 228 (2007) 421-454.

COLUSSI, F. A. M. *Positivismo jurídico: definições e críticas*. Disponível em: <https://fernandocolussi.jusbrasil.com.br/artigos/183838243/positivismo-juridico-definicoes-e-criticas>. Acesso em: 11 abr. 2019.

COMISSÃO TEOLÓGICA INTERNACIONAL. *Em busca de uma ética universal*. Novo olhar sobre a lei natural. São Paulo: Paulinas, 2009.

COSTA, W. S. Sobre o naturalismo e a busca da justiça. *Fragmentos de cultura*, v. 12 (2002) 47-57.

CUNHA, J. R. Lei, moral e justiça em Santo Tomás de Aquino. *An. Filos.*, n. 8 (2001) 9-27.

DIMOULIS, D. *Positivismo jurídico: significado e correntes*. Disponível em: <https://enciclopediajuridica.pucsp.br/verbete/84/edicao-1/positivismo-juridico:-significado-e-correntes>. Acesso em: 10 abr. 2019.

DUROZOI, G.; ROUSSEL, A. Natureza. In: DUROZOI, G.; ROUSSEL, A. *Dicionário de Filosofia*. Campinas: Papirus, 1993.

ESTEBANEZ. E. G. Estudio sobre el concepto de norma natural em Santo Tomás. *Estudios Filosóficos*, v. 1, n. 23 (1974) 5-45.

FERNÁNDEZ-LARGO, A. O. Asimetrías entre la ley y el derecho en la doctrina de Santo Tomás. *Estúdios Filosóficos*, n. 53 (2004) 285-312.

FOULQUIÉ, P. Culture. In: FOULQUIÉ, P. *Dictionnaire de la langue Philosophique*. Paris: Presses Universitaires de France, 1962.

FRAILE, G. *Historia de la filosofia*. v. 1. Grecia y Roma. Madrid: Biblioteca de Autores Cristianos, 1990.

GARCIA-HUIDOBRO, J. El proceso de "determinación" a partir de la ley natural en la filosofia jurídica de Tomás de Aquino. *Philosophica*, v. 14-15 (1991-1992) 177-204.

GAUTÉRIO, M. F. P. *O conceito de lei segundo Santo Tomás de Aquino*. Disponível em: <http://www.ambitojuridico.com.br/site/index.php?n_link=revista_artigos_leitura&artigo_id=6279>. Acesso em: 03 set. 2018.

KELSEN, H. *A justiça e o direito natural*. Coimbra: Arménio Amado Editor, 1979 (Colecção Studium).

_____. *O que é a justiça? A justiça, o Direito e a Política no espelho da ciência*. São Paulo: Martins Fontes, 2001.

KUHN, H. Natureza. In: FRIES, H. *Dicionário de Teologia. Conceitos fundamentais da teologia atual*. São Paulo: Loyola, 1970.

LALANDE, A. *Vocabulário técnico e crítico da Filosofia*. São Paulo: Martins Fontes, 1996.

LEGRAND, G. Natureza. In: LEGRAND, G. *Dicionário de Filosofia*. v. 3. Lisboa: 70, 1986.

MALACARNE, L. *O primeiro preceito da lei natural de Tomás de Aquino. Uma inferência de "é" para "deve"*, Monografia de Bacharelado em Filosofia, Porto Alegre, UFRGS, 2012.

MARTINS, S. A. *O Direito Natural e o Direito Positivo*. Disponível em: <https://jus.com.br/artigos/51928/o-direito-natural-e-o-direito-positivo> Acesso em: 10 abr. 2019.

NAPOLI, I. di. *Manuale philosophiae* ad usum seminariorum, v. 2. *Psychologia, gnoseologia, ontologia*. Torino: Marietti, 1966.

_____. *Manuale philosophiae* ad usum seminariorum, v. 3. *Theologia rationalis, ethica, paedagogia, aesthetica, historiologia*. Torino: Marietti, 1963.

OLIVEIRA, J. A. de; LESSA, B. A. F. Por que as objeções de Hans Kelsen ao jusnaturalismo não valem contra a teoria do Direito Natural de Tomás de Aquino? *Revista de Informação Legislativa*, Brasília, v. 47, n. 186 (2010) 117-128. Disponível em: <http://www2.senado.leg.br/bdsf/bitstream/handle/id/198677/000888822.pdf?sequence=1>. Acesso em: 16 nov. 2018.

OVERBEKE, P. M. La loi naturelle et le droit naturelle selon Saint Thomas. *Revue Thomiste*, v. 57, n. 1 (1957) 53-78.

PADOVANI, U.; CASTAGNOLA, L. *História da filosofia*. São Paulo: Melhoramentos, 1972.

PAUPÉRIO, A. M. É válido ainda o direito natural? Ascensão, decadência e renascimento do direito natural. *Revista Brasileira de Filosofia*, v. 30, n. 117 (1980) 43-60.

PÊCEGO, D. N. A lei e a justiça na Suma Teológica. *Aquinate*, n. 6 (2008) 160-178.

PIENDA, J. V. D. L.; GUISASOLA, G. G. Derecho humano a la luz de los conceptos de "ley natural" y "derecho natural" en Sto. Tomás. *Logos: Revista de Filosofía*, v. 37, n. 109 (2009) 9-38.

PIETRO, A. G. D. Las fuentes jurídicas romanas en Santo Tomás de Aquino. *Sapientia*, v. 54, n. 205 (1999) 93-116.

PIZZORNI, P. R. M. La "lex eterna" come fondamento ultimo del diritto secondo S. Tommaso. *Aquinas*, n. 1 (1961) 57-109.

PORRO, P. *Tomás de Aquino. Um perfil histórico-filosófico*. São Paulo: Loyola, 2014.

REALE, G.; ANTISERI, D. *História da filosofia*, v. 1. *Antiguidade e Idade Média*. São Paulo: Paulus, 1990.

SACHERI, C. A. *A ordem natural*. São Paulo: Cristo Rei, 2014.

SANTOS, B. S. Direito e Justiça em S. Tomás de Aquino. Introdução, tradução e notas das Questões 57 e 58 da Summa Theologiae IIa-IIae. In.: LUCHI, J. P. (org.). *Linguagem e socialidade*. Vitória: EDUFES, 2005.

SCIACCA, M. F. *História da filosofia*, v. 1. *Antiguidade e Idade Média*. São Paulo: Mestre Jou, 1966.

SÓFOCLES. Antígone. In: SÓFOCLES; ÉSQUILO. *Rei Édipo; Antígone; Prometeu Acorrentado*. Rio de Janeiro: Ediouro, 1980 (Coleção Universidade).

TALE, C. Exposición y refutación de los argumentos de Hans Kelsen contra la doctrina del derecho natural. *Revista Telemática de Filosofia do Direito*, n. 9 (2005-2006) 95-128.

THONNARD, F. J. *Compêndio de história da filosofia*. v. 1. São Paulo: Herder, 1968.

Edições Loyola

editoração impressão acabamento
rua 1822 nº 341
04216-000 são paulo sp
T 55 11 3385 8500/8501 • 2063 4275
www.loyola.com.br